Michael Regner / Franziska Schubert-Suffrian

Partizipation in der Kita

W0183598

Michael Regner / Franziska Schubert-Suffrian

Partizipation in der Kita

Projekte und den Alltag demokratisch mit Kindern gestalten

HERDER

FREIBURG · BASEL · WIEN

2., überarbeitete Auflage 2013

© Verlag Herder GmbH, Freiburg im Breisgau 2011
Alle Rechte vorbehalten
www.herder.de

Umschlagkonzeption und -gestaltung: Schwarzwaldmädel, Simonswald
Umschlagfoto: © sonya etchison – Fotolia.com
Fotos innen: Michael Regner/Franziska Schubert-Suffrian
Lektorat: Stefanie Schaeffler, München
Layout, Satz und Gestaltung:
Weiß-Freiburg GmbH – Graphik & Buchgestaltung

Herstellung: Graspo

Gedruckt auf umweltfreundlichem, chlorfrei gebleichtem Papier
Printed in the Czech Republic

ISBN 978-3-451-32552-6

Inhalt

Geleitwort

Ein 4-jähriges Kind fragt die Erzieherin: „Warum darf ich bei der Projektgruppe nicht mitmachen?“ Die Erzieherin, erstaunt: „Ich habe dich doch gefragt, ob du Interesse hast, und du hast nein gesagt!“ Das Kind daraufhin zur Erzieherin: „Was ist denn ein Interesse?“

Was für eine bedeutungsvolle Frage! Alle sprechen davon, aber: was sind Interessen? Wie kann ich Interessen erkennen? Wo kommen sie her? Wozu sind sie da? Was kann ich mit ihnen tun? Warum weiß ich manchmal nicht, was mein Interesse ist? Gibt es richtige und falsche Interessen, und wer entscheidet das? Wie kann ich Interessen mitteilen? Wie kann ich sie durchsetzen? Und warum haben andere Menschen oft andere Interessen als ich? Wie fühlt sich diese Verschiedenheit an?

Beteiligung beginnt im Wollen und Handeln der Kinder, nicht in Methoden, die von außen gesetzt werden. Wollen entwickelt sich, wird gelernt – im Erleben von Interessen, im Spüren von: das geht mich etwas an, ich möchte teilhaben. Es geht dabei darum, sich zu etwas oder jemandem in Beziehung zu setzen. Die Resonanz auf dieses persönlich erlebte Interesse, also die Reaktion anderer Kinder und Erwachsener, führt zu Erfahrungen der Gegenseitigkeit: Interessen und Beziehungen verknüpfen sich. Diese Verknüpfung ist nicht immer einfach und „geradeaus“; sie kann so kompliziert sein, wie es auch versuchte Gemeinsamkeiten zwischen „großen“ Menschen sein können. Kinder machen Erfahrungen damit, wie sich ihre Interessen anfühlen, wie sie glücklich machen, anspornen oder auch belasten können. Und die Konsequenzen, die Kinder aus diesen Erfahrungen ziehen, sind immer an die Frage geknüpft, welchen Sinn es macht, an einem Interesse festzuhalten oder es aufzugeben. Mit dieser Sinnhaftigkeit stärkt oder schwächt sich der Wille, Interessen durchzusetzen, mit anderen zusammen oder auch gegen sie. In diesen wahrlich komplizierten Prozessen der Persönlichkeitsentwicklung erkennen Kinder immer mehr, was ihnen warum wichtig ist, und entwickeln ihr Können auf diese Bedeutungen bezogen. Interessen zu erkennen ist dann bereits mehr als sie zu spüren: Erkennen setzt auch Kenntnis voraus, ein Wissen um Erfahrungen und ihren Wert – was abzuwägen und zu vergleichen erst ermöglicht. Die eigenen Interessen auch zu verantworten ist ein daraus folgender schwieriger Lernprozess.

Die Beteiligung vom Kind aus braucht achtsame, um Verstehen bemühte Erwachsene, die das Recht von Kindern auf Partizipation aktiv unterstützen und das Wollen und Können, das Kinder in Beteiligungsprozessen einsetzen, sehen und würdigen. Das ist in erster Linie keine Herausforderung an methodisches Können, sondern eine an das dialogische Wollen von Erwachsenen.

Das heißt erstens: Kindern eine Stimme zu geben und dieser Stimme zuzuhören.

Das heißt zweitens: Kindern Entscheidungen zuzutrauen und ihnen deshalb Zeit zu geben, miteinander herauszufinden, was gute Entscheidungen sein können.

Das heißt drittens: Kinder selbst tun zu lassen, was sie tun können, und dabei großzügig mit „Fehlern" umzugehen, weil Fehler weder kindspezifisch noch überhaupt vermeidbar sind. Wenn man aber freundlich mit Fehlern umgeht, findet man heraus, was man durch sie lernen kann. Hier besteht die Chance, dass Kinder Erwachsene als Meister erleben können.

Das heißt viertens: Kinder dabei zu unterstützen, allmählich Verantwortung zu erkennen und zu übernehmen – und darum zu wissen, wie schwierig dieser Lernprozess ist.

Das heißt fünftens: sich selbst als Erwachsener zu beteiligen; sich als Teil einer Aufgabe, einer Aktion, einer Gemeinschaft zu verstehen und zu verhalten.

Partizipation lebt von Erfahrungen, die Kinder mit ihr im Alltag machen können; davon, sich gesehen und verstanden zu fühlen; von dem guten Gefühl, mitwirken zu können und dafür selbst oder mit anderen zusammen einen guten Sinn gefunden zu haben. Beteiligung heißt deshalb auch, Erfahrungen mit Bündnissen machen zu können; mit Verlässlichkeit und der sich entwickelnden Sicherheit Lösungen für Probleme finden, Ideen in Handeln umsetzen zu können. Beteiligungsprozesse sind immer Beziehungserfahrungen, die der Partizipation erst ihren entscheidenden Wert geben.

Selbstverständlich sind dann auch gut gestaltete Bedingungen und fantasievolle Methoden wichtig, mit denen Erwachsene Kinder unterstützen und herausfordern können. Regelmäßige Kinderkonferenzen, Entscheidungen über eine Kita-Verfassung, das Aushandeln von Regeln, die Planung von Festen oder gemeinsame Projekte zum Beispiel brauchen unterschiedliche Bedingungen für eine gelingende Beteiligung von Kindern.

Zu all diesen Facetten von Partizipation gibt es in diesem Buch unzählige, sehr ermutigende Beispiele, die authentisch beschreiben, wie Kinder ihre Rechte und ihre Möglichkeiten zur Partizipation nutzen; wie sie sich auf eigene Interessen und auf Herausforderungen, die Erwachsene für die Gemeinschaft stellen, fantasievoll handelnd, aber auch denkend und abwägend einlassen. Manch eine gefundene Lösung oder auch der Weg dahin erstaunt oder verwirrt Erwachsene, macht aber auch deutlich: Partizipation hat nichts mit Leistungen (wohl aber mit Bildung!) zu tun, muss noch nicht einmal zwingend ernst sein – sie kann so beschwingt, heiter und fantasievoll sein, wie die Beziehungen der Beteiligten es sind!

Die Praxis der Partizipation, die in diesem Buch beschrieben und diskutiert wird, geschieht in Kitas, nicht am Schreibtisch. Deshalb kommen nicht nur Kinder sehr oft zu Wort, sondern auch unterschiedlich betroffene Erwachsene: Eltern, Erzieherinnen und Erzieher, die es gewagt haben, die Rechte von Kindern auf Partizipation in lebendiger Praxis zu leben und mit den Kindern zusammen zu lernen. Eine Erzieherin soll hier stellvertretend zitiert werden:

„Nie werden wir fertig sein und das finde ich an Partizipation gerade so spannend. Die Kinder bringen immer wieder neue Themen. So viel Fantasie hätte ich gar nicht. Was da an Argumenten und an Diskussionsmaterial für die Gruppe kommt, erstaunt mich immer wieder. Es ist ein tolles Gefühl zu sehen, dass sich die Kinder wichtig nehmen. Ich habe manchmal das Gefühl, die Kinder leuchten, wenn sie sagen: ‚Ich habe das jetzt allein geregelt.' Oder: ‚Du, wir machen das schon. Lass mal.' Früher habe ich die Kinder in manchen Situationen vollgeredet. Heute schaue ich erst mal, wie weit ich sie machen lassen kann, und biete erst viel später Unterstützung an. Dafür brauche ich Geduld und muss meine eigene Spannung aushalten, aber es lohnt sich." (Siehe Seite 111)

Ich wünsche diesem Buch viele Leserinnen und Leser, denn (wie Friedensreich Hundertwasser sagt): „Wenn einer allein träumt, ist es nur ein Traum. Wenn viele gemeinsam träumen, ist das der Anfang einer neuen Wirklichkeit."

Erika Kazemi-Veisari, Januar 2013

KAPITEL 1

Was bedeutet Partizipation in Kindertageseinrichtungen?

In diesem Kapitel erfahren Sie ...

- was der Begriff Partizipation bedeutet,
- warum Partizipation die Grundlage für eine demokratische Gesellschaft ist,
- warum Kinder für Selbstbildung unbedingt Beteiligungsprozesse brauchen,
- was pädagogische Fachkräfte durch die Abgabe von Macht gewinnen
- wie Kinder selbst Partizipation erleben.

1.1 Was ist Partizipation? – Eine Annäherung

Allgemeine Begriffsdefinition

Das aus dem Lateinischen ins Deutsche gelangte Fremdwort „Partizipation" bedeutet ganz allgemein „Teilhabe(n)", „Teilnehmen" oder „Beteiligtsein". Im gesellschaftspolitischen Sinn wird der Begriff „Partizipation" wie folgt verwendet:

Stichwort: Partizipation

(lat.: Teilhabe). Allg.: P. bezeichnet die aktive Beteiligung der Bürger und Bürgerinnen bei der Erledigung der gemeinsamen (politischen) Angelegenheiten bzw. der Mitglieder einer Organisation, einer Gruppe, eines Vereins etc. an den gemeinsamen Angelegenheiten.

Spez.: 1) P. bezeichnet die Teilhabe der Bevölkerung an politischen Willensbildungsprozessen, insbesondere an Wahlen und Referenden. 2) In einem rechtlichen Sinne bezeichnet P. die Teilhabe der Bevölkerung an Verwaltungsentscheidungen.

Quelle: Politiklexikon von Schubert/Klein

Partizipation ist das lateinische Fremdwort für Teilhabe(n), Beteiligtsein

Eine allgemeinere Definition hat der ehemalige Leiter des ersten Kinderbüros in Deutschland, Richard Schröder, formuliert: „Partizipation heißt, Entscheidungen, die das eigene Leben und das Leben der Gemeinschaft betreffen, zu teilen und gemeinsam Lösungen für Probleme zu finden." (Schröder 1995, S. 14.)

Diese Definition, die ursprünglich für ältere Kinder und Jugendliche gedacht war, wird mittlerweile auch häufig für den Kindertagesstättenbereich genutzt, mit dem sich dieses Buch beschäftigt. Wir verwenden hier neben „Partizipation" den Begriff „Beteiligung" in gleicher Bedeutung.

Die Beteiligung von Kindern an der Gestaltung ihres Lebensalltags in Kindertagesstätten ist eine Herausforderung. Eine Herausforderung für die Kinder selbst, die pädagogischen Fachkräfte und die Eltern. In Beteiligungsprozessen geht es immer um das Festlegen neuer Grenzen und das Verhandeln von unterschiedlichen Interessen. Partizipation in Kitas ist vielschichtig und berührt verschiedenste Bereiche.

Stufen der Beteiligung

In Anlehnung an Richard Schröder, Roger Hart (1992) und Wolfgang Gernert (1993) haben wir in Zusammenarbeit mit Kindertageseinrichtungen folgendes

Stufenmodell der Kinderbeteiligung entwickelt, das an einem Fallbeispiel erläutert wird:

Kinder und Jugendliche haben ein Recht auf Partizipation

1. Stufe: Informiert werden

Auf der untersten Stufe der Beteiligung geht es darum, den Kindern eine Information angemessen und verständlich zur Verfügung zu stellen. Erwachsene haben dabei die Aufgabe zu klären, welche Informationen die Kinder brauchen, um die jeweiligen Entscheidungen fällen zu können. Diese werden in geeigneter Weise vermittelt. Das klingt zunächst relativ einfach. In der Praxis ist es allerdings nicht immer leicht, die Information für die Kinder so aufzubereiten, dass sie wirklich eine selbstbestimmte Entscheidung fällen können.

►► Fallbeispiel: Bau einer Hochebene für den Gruppenraum
Die Kinder werden informiert

Für einen Gruppenraum soll eine neue, „maßgeschneiderte" Hochebene angefertigt werden. Der beauftragte Tischlermeister erklärt den Kindern, dass er die neue Hochebene so bauen will, wie sie sich das wünschen. Fest steht allerdings schon, dass die Hochebene aus Buchenholz gefertigt werden soll und dass ein bestimmter Betrag nicht überschritten werden darf. Auch der Standort im Gruppenraum ist von den Erwachsenen im Vorhinein festgelegt worden. Damit sich die Kinder ein Bild machen können, wie die Hochebene aussehen könnte, hat der Tischler viele Fotos, Zeichnungen und Holzmodelle mitgebracht.

2. Stufe: Gehört werden

In der nächsten Stufe der Beteiligung geht es darum, dass die Bedürfnisse und Ideen der Kinder gehört werden.

►► Fortsetzung Fallbeispiel:
Die Kinder können ihre Ideen äußern

Nachdem der Tischlermeister die Rahmenbedingungen und die grundsätzlichen Möglichkeiten vorgestellt hat, beratschlagen die Kinder mit den Erzieherinnen, was sie für ihre Gruppe gerne umsetzen würden. „Ich will so ne Höhle ganz weit oben zum Kuscheln und Bücher angucken." „Unten hin soll unsere Puppenecke mit einer Tür und Fenstern."

In der darauf folgenden Zeit werden die Ideen von den Kindern gezeichnet und Modelle gebaut. Es entstehen ganz neue, individuelle Ideen, die zum Teil nur noch wenig mit den Vorschlägen des Tischlers gemeinsam haben. Auch die pädagogischen Fachkräfte und die Eltern bringen ihre Vorstellungen mit ein.

3. Stufe: Mitbestimmen

Nachdem alle Beteiligten ihre Ideen darstellen konnten, geht es in der Stufe der Mitbestimmung darum, gemeinsam eine Entscheidung zu treffen. Hier steht der gleichwertige Austausch von Argumenten und Standpunkten zwischen Kindern und Erwachsenen im Vordergrund, um gemeinsam zu einer tragfähigen Entscheidung zu gelangen. Die Kinder können dabei die Entscheidung durch ihr Stimmrecht beeinflussen. Die größtmögliche Form der Mitbestimmung beinhaltet, dass jedes Kind und jede pädagogische Fachkraft die gleiche Anzahl an Stimmen bekommt.

►► Fortsetzung Fallbeispiel: Die Kinder bestimmen mit

Die Entscheidung, welche Elemente die neue Hochebene erhalten soll, wird in diesem Prozess von der Mehrheit getroffen. Dabei haben die pädagogischen Fachkräfte und die Kinder das gleiche Stimmrecht. Jeder bekommt die Möglichkeit, jeweils drei Elemente zu bepunkten. Im Prozess haben sich die Erwachsenen darauf verständigt, dass die Eltern nur ein Element bepunkten dürfen.

4. Stufe: Selbst bestimmen

Die Selbstbestimmung stellt die umfassendste Beteiligungsmöglichkeit der Kinder dar. Dies bedeutet aber nicht, dass die immerwährende individuelle Selbstbestimmung jedes einzelnen Kindes Ziel pädagogischen Handelns ist.

Zum einen geht es um die Selbstbestimmung der Kinder als Gruppe. Im oben beschriebenen Prozess würde dies bedeuten, dass die Kinder als Gruppe allein, ohne die Einflussnahme oder Stimmabgabe der Erwachsenen, die Entscheidung treffen, welche Elemente die Hochebene beinhalten soll. Die pädagogischen Fachkräfte hätten in diesem Fall eine ausschließlich moderierende Rolle.

Neben der Selbstbestimmung der Kinder als Individuen steht ihre Selbstbestimmung als Gruppe

Zum anderen geht es dabei um die Selbstbestimmung des Kindes als Individuum. Entscheidungen wie „Ziehe ich Hausschuhe an oder laufe ich barfuß?“ oder „Bastele ich eine Laterne und wenn ja, welche?“ trifft jedes Kind für sich selbst eigenverantwortlich.

Die Erwachsenen überlassen in dieser Stufe den Kindern die Entscheidung.

Bei den oben beschriebenen aufeinander aufbauenden Stufen setzt die aktive Beteiligung der Kinder erst im Bereich der *Mitbestimmung* und der *Selbstbestimmung* ein. Die Bereiche *Informiert werden* und *Gehört werden* stellen Vorstufen dar, die erforderlich sind, um den Prozess mit den Kindern anzubahnen.

PERSÖNLICHE REFLEXION

In der konkreten Umsetzung in der Kindertagesstätte gibt es eine Vielzahl von Möglichkeiten, die Kinder im Alltag zu beteiligen (Tagesablauf, Regeln, Raumnutzung, Raumgestaltung, Projekte, Feiern, Spiele, Speiseplan, Anschaffungen, Kleidung). Es gibt kaum Themenfelder, die nicht partizipativ bearbeitet werden können. Sie als pädagogische Fachkraft haben die Aufgabe, gemeinsam mit den anderen Teammitgliedern die passenden methodischen Zugänge zu gestalten, um eine Mit- oder Selbstbestimmung der Kinder zu ermöglichen.
Unabdingbare Grundvoraussetzung für jede Art der Beteiligung ist dabei, dass Sie Ihre partizipative Haltung reflektieren und sich immer wieder neu fragen, ob Sie die Kinder wirklich ernsthaft beteiligen *wollen*.

1.2 Wie eignen sich Kinder die Welt an? Selbstbildungsprozesse brauchen Beteiligung

Was bedeutet Bildung bei Kindern?

Wenn die Eltern in einer Kindertagesstätte gefragt werden, welche Wünsche sie für ihr Kind haben, steht der Wunsch nach einer guten Bildung häufig ganz weit oben. Mit „guter" Bildung ist dann meist gemeint, einen möglichst hoch qualifizierten Schulabschluss zu erreichen.

Dabei wird der Begriff Bildung häufig im Sinne von Wissensvermittlung oder Aneignung von Wissen benutzt. Diese Sichtweise unterstellt, dass einem Kind Wissen und Bildung „beigebracht" werden können. Die meisten Forschungsergebnisse gehen jedoch inzwischen davon aus, dass niemand unmittelbar bewirken kann, dass ein anderer etwas lernt oder sich bildet. Bildung ist eine Leistung der Kinder, die „das, was um sie herum geschieht, aufnehmen und zu einem inneren Bild ihrer Wirklichkeit verarbeiten" (Schäfer 2003, S. 14). Kinder versuchen, die Welt um sich herum zu verstehen, und das nicht in erster Linie durch die Erklärungen oder Vermittlung von Erwachsenen, sondern durch eigenes Ausprobieren und „Tun". Sie wollen eigene Hypothesen aufstellen und die Richtigkeit selbst überprüfen. Jedes Kind bildet sich also selbst.

Bildung kommt nicht von außen

Dies bedeutet für die pädagogische Arbeit in der Kindertagesstätte, dass Bildungsprozesse von Fachkräften nur angeregt, unterstützt und begleitet werden können. Wenn ein Kind hingegen kein Interesse am Thema oder am Prozess hat, laufen alle unsere Bemühungen ins Leere (vgl. Schäfer 2003, S. 16).

Diese Selbstbildungsprozesse brauchen einen Bezug zur Lebenswirklichkeit der Kinder, sie müssen dort anknüpfen, wo die Kinder gerade stehen, an ihren Interessen und an ihrer Motivation. Dazu ist die Beteiligung der Kinder notwendig. Beteiligung in der Kindertagesstätte ermöglicht, dass Kinder ihre Themen, Interessen und Anliegen einbringen, und gewährleistet damit, dass Bildungsthemen und -prozesse auf die individuellen Bedürfnisse der Kinder und ihre Lebenswirklichkeit zugeschnitten sind.

Neben der Frage, *wie* Kinder sich bilden, spielt auch der Aspekt der Bildungs*inhalte* eine große Rolle. Welche Kompetenzen und Fähigkeiten brauchen Kinder in der Welt von morgen? Welche Kompetenzen sollte die pädagogische Arbeit in der Kindertagestätte unterstützen und fördern? Die gesellschaftlichen Bedingungen verändern sich heute sehr schnell. Sie sind unendlich komplex geworden und damit für den Einzelnen nur noch schwer überschaubar. Während viele von uns Erwachsenen noch mit einer geringen Anzahl von Fernsehprogrammen und dem Sendeschluss um Mitternacht groß geworden sind, scheint dies für die heutige Kindergeneration kaum noch vorstellbar. Internet, MP3 oder Handy sind für die meisten alltäglich geworden. Auch die Produktionsbedingungen und der Arbeitsmarkt sind in unserer Gesellschaft massiven Veränderungen unterworfen. Nur noch wenige Berufe kommen ohne ständig fortschreitende technische Neuerungen aus. Neben diesen beruflichen Aspekten haben sich auch das Zusammenleben in der Familie und die Möglichkeiten der Freizeitgestaltung deutlich verändert.

Veränderte Lebenswirklichkeiten bedingen neue Bildungsanforderungen

Insgesamt sind also heute sehr viel mehr unterschiedliche und individuellere Lebensentwürfe möglich als noch vor einigen Jahrzehnten. Diese Veränderungen haben natürlich auch immer Einfluss auf unser gesellschaftliches Leben und damit auf Bildungsthemen und Aneignungsmöglichkeiten. Eine Folge der Entwicklung ist, dass immer größere Flexibilität von jedem Einzelnen erwartet wird. Ohne Fort- und Weiterbildung ist beispielsweise berufliches Überleben kaum noch möglich (vgl. Sturzbecher/Großmann 2003, S. 39 ff.).

Zu *Schlüsselkompetenzen* in der modernen Welt werden deshalb:

- die Fähigkeit, sich immer wieder neue Inhalte selbsttätig anzueignen (lebenslange Lernprozesse),
- Problem- und Konfliktlösekompetenzen,
- Kommunikationsfähigkeiten,
- Verantwortungsbewusstsein und Verantwortungsbereitschaft sowie
- die Fähigkeit, Informationen auszuwählen und zu entscheiden.

Kinder brauchen Angebote zur Selbstbildung

Da niemand vorhersagen kann, welches Wissen im späteren Leben eines Kindes notwendig sein wird, geht es auch in der Kita-Pädagogik nicht mehr in erster Linie darum, eine Bandbreite von „speziellem Wissen" zu vermitteln, sondern darum, Kindern die Chance zu geben, unterschiedliche methodische, personale und soziale Kompetenzen zur Wissensaneignung auszubilden. Konkret rückt damit das Produkt (also z. B. das Wissen: Ich kann schon bis zehn zählen!), in den Hintergrund und dem Prozess der Aneignung kommt eine entscheidende Rolle zu.

Um vielfältige lernmethodische Kompetenzen zu entwickeln, braucht jedes Kind Zutrauen in seine eigenen Fähigkeiten, die Überzeugung, etwas bewirken zu können, und Kooperationsfähigkeit. In Partizipationsprozessen bekommen die Kinder die Möglichkeit, diese personalen und sozialen Fähigkeiten weiter zu entwickeln (vgl. Sturzenhecker/Knauer/Richter/Rehmann 2010). Sie erhalten die Chance, ihre eigene Meinung zu äußern und zu vertreten. Ihre Äußerungen werden wahrgenommen und zum Gegenstand von Aushandlungsprozessen gemacht. Sie erleben, wie wichtig ihr persönlicher Beitrag für die Gruppe ist, und entwickeln damit die Überzeugung, etwas in der Kita bewirken zu können. Dabei eignen sie sich nicht nur für sich isoliert Fähigkeiten an, sondern erarbeiten Strategien, um gemeinsam mit anderen Kindern und Erwachsenen Probleme zu lösen. Kommunikationsfähigkeiten, individuelle Lösungskompetenzen und die Fähigkeit zu kooperieren werden kontinuierlich weiterentwickelt und sorgen damit für den Ausbau des eigenen Handlungsrepertoires.

Partizipationsprozesse fördern die sozialen Fähigkeiten von Kindern

Transparente Entscheidungen fördern das Verantwortungsbewusstsein

Zudem erfahren die Kinder im Beteiligungsprozess sowohl die eigenen Grenzen als auch die Grenzen, die ihnen die Gemeinschaft setzt. Nicht alle Bedürfnisse und Wünsche können berücksichtigt werden. Die Entscheidungsfindung ist dabei nicht mehr der unsichtbare Prozess, der in einer Person – meist einem Erwachsenen – abläuft, sondern ist für alle sichtbar, beeinflussbar und nachvollziehbar. Die Kinder erfahren, was geschieht und wo, wie und warum es geschieht. Dies erleichtert es ihnen, die Prozesse zu begreifen, und erweitert gleichzeitig ihre Fähigkeit, Konflikte auszuhalten und sozial akzeptiert auszutragen. Nicht eine pädagogische Fachkraft hat entschieden, dass es Eis zum Nachtisch gibt, sondern die Mehrheit der Kinder aus der Gruppe. Diese Entscheidung zu akzeptieren und mitzutragen, auch wenn sie nicht dem eigenen Wunsch entspricht, fällt den Kindern meist leichter als bei einer alleinigen Entscheidung durch die Erwachsenen.

In Beteiligungsprozessen erleben Kinder, dass ihr Handeln Folgen hat. Dies ermöglicht es ihnen, ihr Vorgehen einzuschätzen und zu überdenken („Wenn ich mich entscheide, nicht zu frühstücken, muss ich bis zum Mittag warten und bekomme vielleicht Hunger"). So können sie nach und nach Verantwortung zunächst für sich selbst und später auch für andere übernehmen. Diese Fähigkeit wird gerade in unserer vielschichtigen Gesellschaft von heute, in der es eine Vielzahl von Lebensentwürfen und Möglichkeiten gibt, immer wichtiger.

1.3 Demokratie in der Kita

„Unter Demokratie verstehe ich, dass sie dem Schwächsten die gleichen Chancen einräumt wie dem Stärksten."

Mahatma Gandhi (1869–1948), Führer der indischen Befreiungsbewegung

Demokratie beginnt bei den Kindern

In der Bundesrepublik Deutschland leben wir in einer demokratischen Gesellschaft, die uns Mitbestimmung und Selbstbestimmung in Grenzen ermöglicht und uns weitgehend die Verantwortung für unser Leben überlässt. Diese Staatsform und gleichzeitig Form des gesellschaftlichen Zusammenlebens ist in den letzten sechzig Jahren gewachsen. Dabei hat sich unser Verständnis von Demokratie und Teilhabe in den letzten Jahrzehnten verändert. „Herkömmliche Formen politischer Partizipation, wie etwa die Teilnahme an Wahlen, sind durch

Formen wie Demonstrationen, Unterschriftensammlungen, Petitionen etc. erweitert worden." (Aus: Olk/Roth 2007, S. 38.)

Wenn diese demokratische Gesellschaftsform erhalten und gestärkt werden soll, dann müssen wir uns auch fragen, wie Kinder auf dieses System vorbereitet werden können. Wo können Kinder Erfahrungen im demokratischen Aushandeln von Interessen sammeln? Wie können sie in eine Gesellschaft hineinwachsen, die die aktive Beteiligung der Bürgerinnen und Bürger voraussetzt?

Beteiligung macht aus Kindern mündige Bürger

Untersuchungen wie die Studie „Vita gesellschaftliches Engagement", die das Deutsche Kinderhilfswerk 2007 herausgegeben hat, belegen, dass aus Kindern und Jugendlichen, die sich selbst als aktiv gestaltend erfahren konnten, auch Erwachsene werden, die sich eher als andere an der Gestaltung des Gemeinwesens beteiligen. Fast 83 Prozent derjenigen, die sich heute gesellschaftlich stark engagieren, haben dies bereits in der Kindheit und Jugend getan. Wenn also vermieden werden soll, dass sich Menschen dem parlamentarischen System und der aktiven Mitgestaltung unserer Gesellschaft entziehen oder verweigern, brauchen wir Orte an denen Partizipation gelernt und gelebt werden kann.

Kindertagesstätten sind der erste öffentliche Raum, in dem sich Kinder regelmäßig ohne ihre Eltern bewegen. Hier erleben sie häufig das erste Mal, wie eine größere Gemeinschaft funktioniert. Jede Kindertagesstätte bietet durch die gemeinsame Gestaltung des Alltags grundsätzlich vielfältige Möglichkeiten, demokratische Strukturen und ein demokratisches Grundverständnis beim „Tun" kennenzulernen und zu erleben.

Kinder sind Experten in ihren eigenen Belangen

Wenn ernsthaft und nachhaltig demokratische Prozesse gestaltet werden sollen, gelingt das nicht ohne die Beteiligung der Kinder. Dies bedeutet, in der Kindertagesstätte Bedingungen zu schaffen, die es Kindern ermöglichen, verändernd in die Strukturen, Regeln, und Entscheidungen des Alltags einzugreifen. Partizipation ist damit der Schlüssel zur Demokratie.

Kinder lernen demokratisches Handwerkszeug kennen, indem sie

- Gesprächs- und Diskussionsregeln erproben,
- Wahrnehmung, Achtung und Aushandlung von Interessen in Gruppen erleben,
- Interessenvertretung durch Delegation von Beauftragten kennenlernen,
- mitbestimmen und selbst bestimmen,
- demokratische (Entscheidungs-)Strukturen kennenlernen,
- lernen, Verantwortungsbewusstsein für sich und die Gruppe zu übernehmen.

Dazu bedarf es einer partizipativen Haltung der Erwachsenen, die den Kindern wirkliche demokratische Beteiligungsmöglichkeiten und Entscheidungsräume zugesteht. Es geht um eine Auseinandersetzung auf gleicher Augenhöhe bei Akzeptanz des Expertenwissens der Kinder für ihre Belange. Interessen werden gemeinsam ausgelotet und ausgehandelt. Dafür ist es notwendig, dass die Erwachsenen einen Teil ihrer Macht abgeben, und dazu müssen die pädagogischen Fachkräfte, aber auch die Leitung und der Träger bereit sein.

1.4 Die Macht der Erwachsenen

Erwachsene und Kinder haben in unserer Gesellschaft nicht die gleichen Entscheidungsrechte über Mittel, Personen und soziale Systeme. Erwachsene entscheiden zumeist über die räumliche Nutzung, finanzielle Mittel, Strukturen und Umgangsformen. Sie bestimmen darüber, welches Verhalten zu akzeptieren ist und welches nicht, über Regeln und darüber, was richtig oder was falsch ist. Auch in jeder Kindertagesstätte besteht ein Abhängigkeitsverhältnis zwischen Kindern und Erwachsenen. Dies ist für uns so selbstverständlich, dass es selbst im pädagogischen Kontext nur selten zum Thema gemacht wird.

Wenn Kinder an Entscheidungen beteiligt werden sollen, stehen die Erwachsenen vor der Frage, in welchen Bereichen und wie weitgehend sie ihre Macht mit den Kindern teilen wollen. Denn die entscheidende Grundlage für die verlässliche Beteiligung der Kinder ist die freiwillige und bewusste Machtabgabe der Erwachsenen. Nur wenn pädagogische Fachkräfte bereit sind, auf einen Teil ihrer Entscheidungsmacht zu verzichten, wird es möglich, den Kindern Mitbestimmungs- oder Selbstbestimmungsrechte einzuräumen. Dies bedeutet für die pädagogischen Fachkräfte, sich mit der Frage der Erwachsenenmacht in der Kita und der eigenen Rolle auseinanderzusetzen. Das Ziel ist dabei nicht eine Umkehr der Machtverhältnisse wie in Herbert Grönemeyers Lied „Kinder an die Macht", sondern die eigene Macht im Umgang mit den Kindern wahrzunehmen, bewusst zu teilen und zu reflektieren.

Dafür ist es erforderlich, in den Bereichen, die die Erwachsenen freigeben, gleichberechtigte, gleichwertige und gleichwürdige Entscheidungsmöglichkeiten zu gestalten. So können zum Beispiel die Kinder in einer Kita die Nahrungsmittel, die für das Frühstück eingekauft werden, mitbestimmen, die pädagogischen Fachkräfte behalten sich aber das Recht vor, die Tischsitten festzulegen. Damit gestehen die Erwachsenen den Kindern Verantwortung für sich selbst und die Gruppe in Bereichen zu, die sie überschauen können. Die Kinder können sich diese Machtbereiche aber nicht selbstständig erobern, sondern sie werden ihnen, zumindest am Anfang, von der Seite der Erwachsenen eingeräumt.

Partizipationsprozesse ermöglichen

Der Prozess zählt mehr als das Produkt

Partizipationsprozesse sind Abläufe, deren Ergebnisse nicht von Erwachsenen gesteuert werden können und sollen. Kinder und Erwachsene lassen sich auf einen ergebnisoffenen Prozess ein, der die gemeinsame Gestaltung und Lösungsfindung in den Vordergrund rückt. Der Erwachsenenblick auf das Ergebnis, das Produkt des Prozesses ist nicht der Maßstab für ein erfolgreiches Beteiligungsprojekt. Die Aufgabe der Erwachsenen ist nicht, zu bewerten, sondern den Prozess anzustoßen, zu begleiten und zu moderieren.

Zuerst einmal müssen sich die pädagogischen Fachkräfte also darüber verständigen, in welchen Bereichen der Kita sie den Kindern Mit- und Selbstbestimmungsrechte zugestehen wollen, und diese Rechte dann im Team konkretisieren.

Durch Gesetze vorgegeben ist die Abgabe der absoluten Macht bei allen die Kinder betreffenden Entscheidungen entsprechend ihrem Alter und ihrem Entwicklungsstand (vgl. „Rechtliche Grundlagen“ im Anhang, S. 138 ff.). Dies umzusetzen ist eine Herausforderung. Denn wenn Kinder als Akteure ihrer eigenen Entwicklung verstanden werden, ist es erforderlich, dass die pädagogischen Fachkräfte ihre Rolle als „Macher/innen“ und „Bestimmer/innen“ in vielen Bereichen überdenken und neu definieren. Strukturen, Anschaffungen, Planungen und Regeln gilt es dann gemeinsam mit den Kindern auszuhandeln und zu verantworten. Damit entsteht ein Paradigmenwechsel im Umgang mit den Kindern. Sie werden nicht mehr in erster Linie als „schutzwürdige“, unfertige Wesen betrachtet, sondern als Experten in eigener Sache (vgl. Kazemi-Veisari 1998, S. 109). Freiheit und Verantwortung sind dabei zwei Seiten einer Medaille.

In der Praxis wird immer wieder deutlich, dass Kinder Verantwortung auch für komplexe Sachverhalte übernehmen können. Es ist die Aufgabe der pädagogischen Fachkräfte, geeignete methodische Zugänge zu finden, um dies zu ermöglichen. Wie das funktionieren kann, zeigt das folgende Beispiel:

▸▸ Fallbeispiel: Kinder verwalten die Kita-Frühstückskasse

In einer eingruppigen Kita entscheiden Kinder und Erwachsenen gemeinsam über die Frühstückseinkäufe, die Verwaltung der Finanzen übernehmen zwei Kinder: Ein sechsjähriges Mädchen trägt die Namen der Bezahler in eine Liste ein und ein sechsjähriger Junge vermerkt jeweils den eingenommenen Betrag. „Wir haben gemeinsam eine Liste mit den Vornamen der Kinder in Großbuchstaben angelegt. Dabei entstand die Idee, dass wir für jedes Kind einen Umschlag beschriften. Anfang des Monats werden die Umschläge an alle Kinder ausgeteilt, mit der Bitte darin 5 Euro mitzubringen. Die wieder abgegebenen, gefüllten Umschläge werden von der Erzieherin gleich an die beiden Kinder weitergegeben. Diese tragen die Beträge dann an ‚ihrem' Schreibtisch im Büro in die Liste ein. Nur beim Zusammenrechnen muss ich noch helfen. Die Kinder finden das total toll. Sie sind superstolz und ich brauche diese Liste nicht mehr in der kostbaren Vorbereitungszeit anzufertigen."

(Bericht von Ines Olberts aus der Kita Beidenfleth, Schleswig-Holstein)

Partizipationsprozesse laden dazu ein, (sich) auszuprobieren und auch Fehler zu machen. Kein Kind wird wirklich Schaden durch einen missglückten Beteiligungsprozess davontragen. Die Frage ist, welche Chancen für die Entwicklung von Kindern vertan werden, wenn diese gar nicht beteiligt werden.

1.5 Was haben Kinder von Partizipation? „Und plötzlich hatten wir das Theater!"

Wenn pädagogische Fachkräfte die Kindertagesstätte als einen Lebensraum verstehen, den es gemeinsam zu gestalten gilt, kann sich Partizipationsorientierung als grundlegendes pädagogisches Prinzip durch den gesamten Alltag der Kindertageseinrichtung ziehen. Regeln, Strukturen, Material und Ausstattung werden in diesem Beteiligungsprozess immer wieder an die Bedürfnisse des einzelnen Kindes oder der jeweiligen Kindergruppe angepasst. Die Kinder erfahren sich so als ein Teil der Kita-Gemeinschaft und erleben, dass ihre Bedürfnisse ernst genommen werden und sie Einfluss auf die Gestaltung ihrer Umgebung haben.

Kinderrechte dürfen nicht von der Laune der Erwachsenen abhängen

Dies bedeutet nicht, Kindern alles zu erlauben, sondern vielmehr die individuelle Persönlichkeit des Kindes ernst zu nehmen und von ihm geäußerte Wünsche als grundsätzlich berechtigte Bedürfnisse zu akzeptieren, die es auszuhandeln gilt. Das Kind wird somit als Subjekt wahrgenommen und individuelle Verhaltensweisen werden toleriert. Das Kind erfährt sich als gleichwertiger Verhandlungspartner. Es nimmt bewusst wahr, dass es verbindliche Rechte hat und diese auch Erwachsenen gegenüber einfordern kann. Dass dem Kind partiell Rechte zugestanden werden, passiert zwar häufiger, dass es aber verbindliche, einklagbare Rechte erhält, ist meist eine neue Situation. Es geht hierbei nämlich nicht darum, dass Kinder nur hin und wieder und abhängig von der aktuellen Tagesform der Fachkräfte mitbestimmen können, sondern um verlässlich zugestandene Rechte. Rahmenbedingung dafür ist, vorher zu klären, was jede pädagogische Fachkraft freigeben kann.

Diese Rechte machen es erforderlich, dass Kinder und Erwachsene ihre Interessen und Bedürfnisse aushandeln. Die Kinder lernen so, auch die Meinung von anderen wahrzunehmen und zu respektieren. Jedes Kind muss sich in Partizipationsverfahren mit den unterschiedlichsten Meinungen auseinandersetzen und gegebenenfalls in Abstimmungsprozessen auch der Mehrheit beugen.

Eine Idee zu haben, diese zu äußern und an deren Umsetzung mitzuwirken, ermöglicht auch, Verantwortung zu übernehmen. Jedes Kind kann erleben, dass es sich „lohnt", sich für etwas einzusetzen und erfährt, dass es ein wichtiger Teil der Gruppe ist. Wie dies in der Praxis umgesetzt werden kann, schildert das nachfolgende Beispiel zur Aufführung des Theaterstücks Froschkönig. Die Kinder der betreffenden Kindertagesstätte erlebten, dass zunächst individuelle Wünsche und Bedürfnisse zur Grundlage von Aushandlungsprozessen mit anderen wurden. Dabei entwickelten sie zunehmend mehr Selbstbewusstsein und eigene Ideen und konnten so auftretende Probleme immer selbstständiger lösen.

„Und plötzlich hatten wir das Theater!"

Beteiligungsprozesse können sowohl aus Themen, die von pädagogischen Fachkräften eingebracht werden, als auch aus den Ideen und Bedürfnissen der Kinder entstehen. Einerseits kann z. B. aus den Kritikpunkten von Erwachsenen oder Kindern ein im Vorhinein geplantes Beteiligungsverfahren initiiert werden, aber es können auch aus der Situation heraus spontan auftauchende Wünsche zum Anlass dafür genommen werden werden.

Wie man ausgehend von den Interessen der Kinder zu einem partizipativen Projekt kommen kann, zeigt sich an folgendem Erfahrungsbericht der Erzieherin Susanne Stümke aus dem Kinder- und Familiengarten e.V. „Tausendfüßler" in Kaltenkirchen/Schleswig-Holstein:

▸▸ Fallbeispiel: Theaterprojekt „Froschkönig"

„Erzählst du uns heute wieder eine Geschichte?" Damit beim Mittagessen den Kindern, die schon fertig sind, nicht so langweilig wird, erzählt die Erzieherin Susanne Stümke seit einiger Zeit während der gemeinsamen Mahlzeiten Geschichten. An diesem Tag wünscht sich Lena, dass Susanne doch auch mal ein Märchen erzählt. Die anderen Kinder stimmen begeistert zu. Daraufhin wird das Mittagessen für einige Tage von Susanne mit jeweils einem anderen Märchen begleitet, bis sie sagt: „Jetzt weiß ich aber langsam kein neues Märchen mehr!" „Erzähl doch mal Arielle!", wünscht sich Leonie. „Das schaffe ich aber nicht allein. Die Namen der Tiere weiß ich nicht mehr. Dabei brauche ich eure Hilfe." Daraufhin werden die nächsten Geschichten von den Kindern und Susanne gemeinsam erzählt. Dabei kommt es aber immer wieder zu Unterbrechungen und Diskussionen über den Handlungsablauf. „So geht das nicht", bemängelt Leonie. „Wir müssen Bücher mitbringen, dann sind die Geschichten auch wieder richtig."

Dass diese „Märchenstunde" noch größere Auswirkungen haben soll, zeigt sich ein paar Wochen später. Die Kinder sind gerade mit der Planung für die kommende Projektwoche beschäftigt. Gemeinsam sammeln sie Ideen, mit welchem Thema sie sich auseinandersetzen wollen. „Ich möchte Froschkönig spielen", teilt der sechsjährige Gerrit mit. Schon Wochen vorher hat er immer wieder den Wunsch geäußert, den anderen etwas vorspielen zu dürfen. Die anderen Kinder müssen nicht erst lange überredet werden. Sofort sind sie mit Begeisterung dabei. „Also, ich bin der Erzähler", entscheidet Gerrit. Die anderen überlassen ihm gern diesen Posten. „Kannst du denn die Geschichte ganz ohne Hilfe erzählen?", fragt ihn Susanne später. Nach kurzem Überlegen entscheidet Gerrit: „Ich kann sie dir ja einmal erzählen und du malst sie mir dann auf. Dann kann ich nichts vergessen." So entsteht auf einer großen Tapetenrolle die Bildergeschichte vom Froschkönig, die Gerrit später vortragen kann. Nachdem die Rollenbesetzung des Erzählers ohne Schwierigkeiten ablief, geht es an die weiteren Rollen. Gleich drei Mädchen wollen die Prinzessin spielen. Nach längerer Diskussion entscheiden die Kinder, dass der König doch drei Töchter haben kann. Zwei andere Mädchen beschließen, die Katzen der Prinzessinnen zu sein.

Auch bei der weiteren Rollenverteilung werden von den Kindern Lösungen gefunden. Nicht alle Kinder wollen jedoch auf die Bühne. Deshalb werden andere Funktionen geschaffen. „Wir brauchen jemanden, der die Stühle rückt. Wir brauchen Eintrittskarten, die gemalt werden müssen. Wir brauchen einen Verkäufer. Wir brauchen viele Plakate. Jemand muss das Licht an- und ausschalten wie im richtigen Theater." Den Kindern fallen so viele Aufgaben ein, dass zum Schluss einige Kinder sogar mehrere Aufgaben übernehmen müssen.

Einige Kinder sind noch am Zögern. Sie würden gerne auch auf der Bühne stehen, trauen sich allerdings noch nicht so richtig. Die Kinder diskutieren, um eine Lösung zu finden. „Wer sich nicht traut, muss ja nichts sagen", schlägt ein Kind vor. Schließlich löst Jasper das Problem: „Wir können doch alle singen. Wer nicht so viel Mut hat, kann ja hinten stehen." Damit sind alle Kinder einverstanden. Und so beginnen die Kinder mit der Liedsuche. Über das Lied, das gesungen werden soll, wollen sie dann abstimmen. Doch zunächst sammeln sie gemeinsam Vorschläge. Dazu bringen sie CDs von zu Hause mit, nutzen die vorhandenen in der Gruppe und hören einen Vorschlag nach dem nächsten durch. Dann kommt der Tag der Abstimmung. Auf Anregung der Erzieherin haben die Kinder mehrere Schuhkartons auf dem Fußboden

vorbereitet. Auf jeden haben sie ein Bild aufgeklebt, das als Symbol für ein einzelnes Lied steht. Bei der Auszählung stellen alle gemeinsam fest, dass das „Marienkäferlied" und „Häschen in der Grube" gleich viele Stimmen erhalten haben. Daraufhin entscheiden sich die Kinder für einen zweiten Wahlgang nur noch unter den beiden Favoriten. Erneut erhalten beide Lieder genau dieselbe Anzahl von Stimmen. Verdutzt nehmen die Kinder und Erwachsenen das Ergebnis zur Kenntnis. Die Kinder beschließen daraufhin kurzerhand, beide Lieder zu singen. „Schließlich sind ja beide zwei Mal Sieger", ist die Erklärung von Constantin für diese Entscheidung. Und noch eine weitere Lösung finden die Kinder: Wer für das Marienkäferlied gestimmt hat, kann beim Singen dieses Liedes in der vorderen Reihe stehen, während die anderen im Hintergrund mitsingen. Beim zweiten Lied soll es genau umgekehrt sein.
„Dass sowohl das Marienkäferlied als auch ‚Häschen in der Grube' nicht unbedingt zum Märchen dazu gehörte, fiel den Kindern zwar auf, war für sie aber nicht wichtig. Entscheidend war, dass alle auf der Bühne dabei sein konnten. Durch diese Lösung trauten sich auch die Kleineren in die erste Reihe und wuchsen förmlich über sich hinaus", berichtet Susanne Stümke. „Die Projektwoche war zwar schon um, doch wir verlängerten gern die Zeit, denn die Kinder waren mit so einem Eifer dabei, dass wir es nicht über das Herz gebracht hätten, sie zu bremsen."
Und so wird intensiv geprobt, bis das Stück steht. Keine pädagogische Fachkraft und kein Elternteil hat am Tag der Aufführung eine Funktion im Theaterstück. Alle sind Zuschauer. Aufgrund des großen Erfolgs entscheiden sich die Kinder für eine zweite Vorstellung.
„Meine Kollegin war während des Anfangs des Prozesses für drei Tage auf einer Fortbildung. Als sie zurückkam, war sie zuerst völlig irritiert. Sie hatte nur die anfänglichen Ideen der Kinder miterlebt. Und nun ging plötzlich die Post ab. Die Kinder waren so kreativ. An allen Ecken und Kanten wurde von den Kindern vorbereitet, diskutiert, verworfen und neu gestaltet. Auch die Eltern wurden von den Kindern in die Vorbereitungen einbezogen. Im Grunde genommen war dieses Projekt der Durchbruch. Die Kinder haben uns gezeigt, wie es auch anders gehen kann und was sie alles können. Für uns war es ein großer Schritt und wir haben viele Kinder seit diesem Zeitpunkt ganz anders wahrgenommen."

Das Partizipationsprojekt und seine Folgen aus der Sicht eines Kindes

Die inzwischen siebenjährige Annika hat ihre ganz persönlichen Aspekte bei der Rückschau auf das zwei Jahre zurückliegende Projekt in einem Interview geäußert. Sie erinnert sich noch ganz genau an die Aufführung im Tausendfüßler und schildert auch ihre Möglichkeiten der Beteiligung in der Kindertagesstät-

Aushandlungsprozesse können manchmal langwierig sein

■ Als Kleinste darf Annika die Prinzessin spielen.

te und im heutigen Alltag: „Ich war die kleinste Prinzessin. Ich habe den Froschkönig an die Wand geschmissen. Mit Absicht. Aber das sollte auch sein.“ Noch knapp zwei Jahre später betont sie: „Das war gut, dass wir alles bestimmen durften!“ Sie meint, dass die Kinder nicht alles, aber doch größtenteils selbst bestimmen durften. „Wir durften selbst bestimmen, welche Rolle wir hatten“, erinnert sie sich. Auch dass das Beteiligungsprojekt teilweise zu Problemen und Streit führte, weiß sie noch gut: „Jeder wollte das und das sein. Dann mussten wir entscheiden.“ Dazu wurden verschiedene Abstimmungsverfahren eingesetzt, aber die meisten Entscheidungen wurden im Konsens gefunden. Die Prinzessinnen bekamen einen Kater und eine Katze. „Das wollten wir alle so haben. Das war dann ganz ohne Streit.“ „Ich war die erste Prinzessin, denn die anderen haben ja gar nicht richtig gespielt. Und der Froschkönig hat mir die goldene Kugel gegeben. Das war Max.“ „Einige haben gesagt, ich will ein Hase oder eine Katze sein und dann war das so. Und wenn andere das auch wollten, dann haben wir ausgelost. Die Jungs wollten keine Prinzessin sein. Das ist ja auch komisch“, meint Annika. „Ein paar wollten Aufbauer sein. Das waren nur die Jungs.“ Letztendlich handelten die Kinder in der Gruppe so lange die Rollen aus, bis jeder zufrieden und ein tragfähiger Konsens gefunden war.

Annika findet es gut, dass die Kinder so viel bestimmen durften. Zu Hause darf sie auch einiges bestimmen, würde sich jedoch noch mehr Mitbestimmung wünschen. „Ich entscheide, ob ich mit meiner Freundin spiele oder nicht. Mama fragt auch, was wir essen wollen. Und dann einigen wir uns meistens.“ So genießt sie den Freiraum, mit ihrem drei Jahre jüngeren Bruder auch beim Essen Verantwortung zu übernehmen. Manchmal wird auch gelost. „Aber manchmal sagt Hannes, okay, das esse ich, oder ich sage es.“ Für sie sind diese Kompromisse ausreichend. „Ich muss ja nicht alles allein bestimmen.“ Manchmal findet sie es auch nicht so gut, Entscheidungen treffen zu müssen. „Wenn ich schlecht drauf bin, dann will ich manchmal nicht entscheiden.“ Sie findet es aber auch nicht toll, wenn immer jemand anderer bestimmt, egal ob es andere Kinder sind oder die Erwachsenen. Ganz viele Punkte fallen ihr ein, wo sie es gut findet, dass sie bestimmen darf. Sei es bei der Einladung zum Geburtstag, bei Kleidungsfragen („Wenn Mama sagt, das gefällt mir gar nicht, lässt sie mich das trotzdem anziehen!") oder auch bei Ausflügen. „Da bestimmen aber alle mal!"

Wenn Annika ganz alleine bestimmen könnte, sagt sie, „würde ich bestimmen, dass ich mehr Naschis am Tag dürfte und mehr fernsehen, so wie bei Oma".

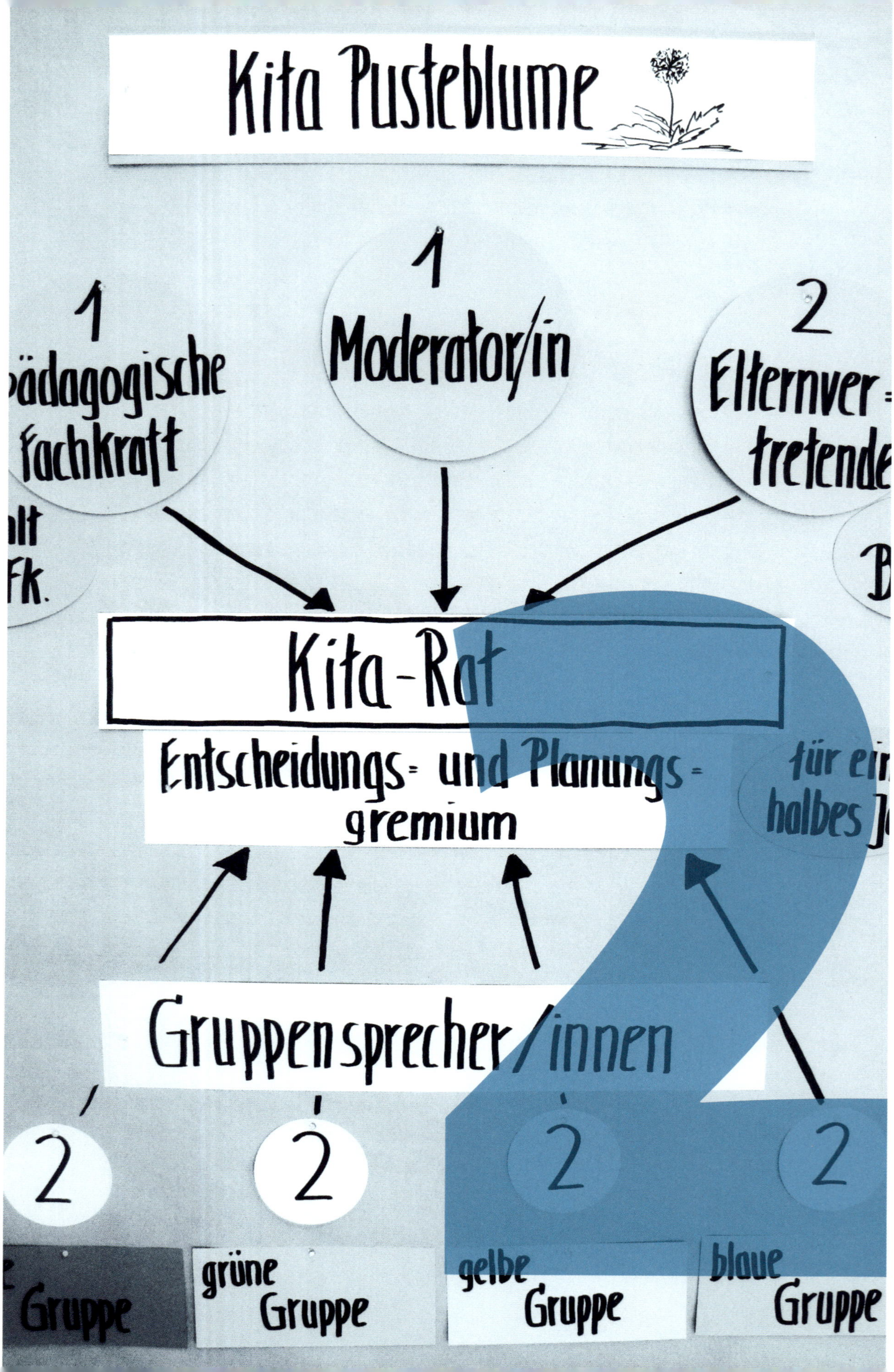
Kita Pusteblume
1
Moderator/in
1
pädagogische Fachkraft
2
Elternvertretende
Kita-Rat
Entscheidungs- und Planungsgremium
für ein halbes J
Gruppensprecher/innen
2
2
2
2
Gruppe
grüne Gruppe
gelbe Gruppe
blaue Gruppe

KAPITEL 2

Praxis der Partizipation

In diesem Kapitel erfahren Sie ...

- etwas über Beteiligungsstrukturen in Kitas,
- welche Möglichkeiten der Umsetzung und Verankerung, von Beteiligungsrechten es grundsätzlich gibt,
- wie Beteiligungsprojekte aufgebaut und praktisch umgesetzt werden können,
- wie eine Kita-Verfassung erarbeitet werden kann,
- wie partizipative Kita-Gremien gestaltet sein können,
- welche Möglichkeiten zur gemeinsamen Entscheidungsfindung es gibt,
- unter welchen Aspekten Kinder beteiligt werden können.

2.1 Ebenen der Beteiligung – Beteiligungsbausteine

Partizipative Beziehungsgestaltung ist die Grundlage für jeden Beteiligungsprozess

Partizipation in der Kindertagesstätte findet auf verschiedenen Ebenen statt. Die Beteiligungsmöglichkeiten des einzelnen Kindes wie auch der Kinder als Gruppe sind dabei an die Bedingungen gebunden, die pädagogische Fachkräfte in den Kindertagesstätten schaffen. Die Partizipationskompetenzen der Kinder entwickeln sich vor allem beim Ausprobieren und Selbsterproben. Sie sammeln z.B. Erfahrungen mit selbst gefällten Entscheidungen: „Weil ich vorhin nicht gefrühstückt habe, habe ich jetzt Hunger." oder „Gut, dass ich mir die Jacke ausgezogen habe. Beim Fußballspielen ist mir immer ganz heiß." Die Voraussetzung für diese Prozesse ist, den Kindern Verantwortung für sich selbst zuzugestehen und ihr veränderndes Eingreifen in den Alltag der Kita zu ermöglichen. Um eine partizipative Pädagogik verlässlich umzusetzen, benötigen die Kinder Bezugspersonen und Strukturen, die ihnen ein schrittweises Hineinwachsen in immer mehr Verantwortung und Beteiligung ermöglichen.

Dabei ist die *Ebene der Beziehungsgestaltung,* also die konkrete Beziehung zwischen dem Kind und der pädagogischen Fachkraft, die Grundlage, auf der alle anderen Partizipationsbausteine aufbauen. Partizipative Beziehungsgestaltung bedeutet, die Bedürfnisse, Wünsche und Themen der Kinder wahr- und ernst zu nehmen und sie zur Grundlage des täglichen Miteinanders zu machen. Den

Kindern zuzutrauen, ihre Belange auszudrücken und mit anderen Kindern und Erwachsenen auszuhandeln. Partizipation findet so im alltäglichen Umgang miteinander statt und ist damit ein ganz entscheidender Baustein in der Beziehung und im Dialog zwischen pädagogischen Fachkräften und Kindern

Diese Gestaltung von Beziehungen erfordert von den Fachkräften eine Haltung, die den Kindern mit Vertrauen und Achtung begegnet und sie als gleichwertige Partner akzeptiert. Eine pädagogische Haltung, die es dem einzelnen Kind ermöglicht, sich im Spannungsfeld zwischen Autonomie und dem Wunsch nach Gemeinschaft selbstbestimmt zu bewegen.

Über diese Haltungsfrage hinaus verlangt die Beziehungsgestaltung auch methodisches Handwerkszeug der pädagogischen Fachkräfte. Sie brauchen Dialogwerkzeug, das es den Kindern ermöglicht, sich und ihre Bedürfnisse wichtig zu nehmen, sich einzubringen und Entscheidungen zu fällen (siehe Kapitel 3.1, S. 68 ff.)

Aufbauend auf der partizipativen Beziehungsgestaltung ist eine verlässliche *Beteiligungsstruktur in der Kita* nötig, die die Selbstbestimmung des einzelnen Kindes und die Mitbestimmungsrechte der Kinder als Gruppe strukturell verankert. Dafür muss im ersten Schritt in jeder Kindertagesstätte verbindlich geklärt und schriftlich fixiert werden, in welchen Punkten und Bereichen die Kinder mit- oder selbst entscheiden dürfen. Im zweiten Schritt geht es dann darum, eine Struktur zu implementieren, die den Kindern die Möglichkeit eröffnet, diese Rechte wahrzunehmen und gegebenenfalls auch durchzusetzen. Die so entstehende Verankerung sowohl von Beteiligungsrechten als auch von Beteiligungsstrukturen sichert den Kindern verbindliche, einklagbare Rechte zu und macht diese für pädagogische Fachkräfte, Eltern und die Kinder selbst sichtbar.

Individuelle Selbstbestimmungsrechte des einzelnen Kindes stehen neben Mitbestimmungsrechten der Kinder als Gruppe

Auf der Ebene der *Selbstbestimmungsrechte* legt ein Kita-Team fest, in welchen Bereichen *jedes einzelne Kind* individuell für sich entscheiden darf. Zum Beispiel in Fragen wie: Wo und mit wem spiele ich? Mache ich im Stuhlkreis oder bei einem Angebot mit? Was und wie viel esse ich? Entscheidend dabei ist, dass die Kinder um ihre Rechte wissen, und zugleich die Möglichkeit haben, von diesen verlässlich Gebrauch zu machen.

Ergänzend zu den Selbstbestimmungsrechten braucht Beteiligung die Verankerung der *Mitbestimmungsrechte der Kinder als Gruppe.* Voraussetzung dafür ist eine Struktur, die es den Kindern ermöglicht, auf Entscheidungen, die den Kita-Alltag betreffen, Einfluss zu nehmen.

Wenn die Mitbestimmung der Kinder über die Entscheidungsmöglichkeiten der Kita-Kleingruppe hinausgehen soll, ist es erforderlich, Beratungs- oder Entscheidungsgremien einzurichten. Ob es sich dabei um Kinderräte oder Parlamente mit gewählten Delegierten handelt oder eine wechselnde Zusammensetzung in Ausschüssen, ist von den individuellen Bedingungen vor Ort abhängig. Entscheidend ist, dass die Strukturen und Entscheidungswege für die Kinder verlässlich und transparent gestaltet sind.

Ein dritter und sicherlich der kleinste Baustein ist die ***Beteiligung außerhalb der Kita.*** Dabei geht es beispielsweise um Projekte wie die Gestaltung oder Überprüfung von Spielplätzen im Umfeld der Kita, die Erstellung eines Kinderstadtplanes oder die Planung von kindgerechten Fußwegen oder Waldpfaden. Auf dieser Ebene wird es den Kindern ermöglicht, sich in die Angelegenheiten im Gemeinwesen, die sie betreffen, einzumischen.

Partizipation kann über die Kita hinaus auch im kommunalen Bereich wirksam werden

Nur wenn die Beteiligung auf der Beziehungsebene und der strukturellen Ebene ernsthaft berücksichtigt wird, gelingt es, Partizipation in der Kindertagesstätte erfolgreich umzusetzen. Erst nachdem die Kinder Partizipationserfahrungen in der Kita gesammelt haben, sollte die Beteiligung im Gemeinwesen außerhalb der Kita angegangen werden. Insgesamt sind die einzelnen Ebenen nicht als voneinander abgegrenzte Bereiche zu verstehen, sondern als sich ergänzendes und ineinandergreifendes System. Veränderungen auf der einen Ebene haben immer auch Auswirkungen auf die anderen Bereiche. Auf allen drei Ebenen spielt die Begleitung und Unterstützung durch die pädagogischen Fachkräfte und ihr methodisches Handwerkszeug eine entscheidende Rolle.

Die Kompetenzen und Strategien von Kindern entwickeln sich immer im Zusammenhang mit den konkreten Bedingungen, in denen sie ihre Erfahrungen sammeln können. Je mehr Erfahrungsräume und -möglichkeiten ihnen zur Verfügung stehen, desto mehr Partizipationskompetenzen können sie erwerben.

2.2 Grundsätzliches zur Umsetzung von Beteiligungsprozessen

Eine dialogische, partizipative Haltung der pädagogischen Fachkräfte (siehe auch Kapitel 3.1, S. 68 ff.) sorgt auf der Ebene der Beziehungsgestaltung für die Basis, auf der eine Beteiligungsstruktur aufgebaut werden kann, die Selbst- beziehungsweise Mitbestimmungsrechte der Kinder verbindlich gewährleistet. Zur Verankerung partizipativer Strukturen in der Kita gibt es keine allgemeingültige Bauanleitung, sondern viele unterschiedliche Wege und Formen. Jede

Einrichtung muss die für sie passende Herangehensweise finden. Grundsätzlich kommen zwei Methoden in Frage:

- Zum einen die *projektorientierte Bearbeitung eines Themenbereichs.* Kinder werden punktuell und zeitlich befristet, zum Beispiel bei der Umgestaltung eines Gruppenraumes oder der Planung eines Festes, beteiligt und können so erste Partizipationserfahrungen sammeln. Die dafür notwendigen Gremien können im Prozess nach und nach eingeführt werden. Während des Projektes entstehende Rechte für die Kinder können verschriftlicht und damit verbindlich gemacht werden und gegebenenfalls die Grundlage einer späteren Kita-Verfassung bilden.

- Zum anderen die *Verankerung und Verschriftlichung der Rechte der Kinder im Rahmen einer Verfassung.* Dafür werden die grundlegenden Rechte der Kinder, vergleichbar mit dem Grundgesetz der Bundesrepublik, durch die pädagogischen Fachkräfte in Zusammenarbeit mit den Eltern festgelegt. Die Kita-Verfassung führt zu einer kontinuierlichen und „einklagbaren" Beteiligung der Kinder in den sie betreffenden Angelegenheiten über einzelne Projekte hinaus. Für die Umsetzung der Kinderrechte ist es in der Regel notwendig, unterschiedliche Gremien (wie zum Beispiel ein Kinderparlament) mit ihren Entscheidungsspielräumen und Rahmenbedingungen festzulegen.

2.3 Projektbezogene Beteiligung

Partizipationsprojekte in Kindertageseinrichtungen setzen sich mit einem im Vorfeld klar definierten, zeitlich befristeten Thema auseinander. Sie enden meist mit einem Produkt (Ausflug, umgestalteter Gruppenraum ...) und ermöglichen es Kindern und Erwachsenen, in einem überschaubaren Rahmen ein klar abgestecktes Thema zu erarbeiten. Häufig werden zum Einstieg positiv besetzte Projektthemen wie die Gestaltung von Festen, Feiern und Ausflügen genutzt. Dabei steht jedoch nicht das Ergebnis, sondern der Prozess, der von den Kindern gestaltet wird, im Vordergrund. Es geht nicht darum, bestmögliche Resultate zu erzielen, sondern die Kinder ernsthaft zu beteiligen und ihnen die Möglichkeit zu geben, ihre Vorstellungen und Ideen verantwortlich umzusetzen.

Für den Einstieg eignen sich überschaubare Partizipationsprojekte

Möglichkeiten für Partizipationsprojekte

Grundsätzlich können Kinder an der Planung und Umsetzung von allen Projektthemen beteiligt werden. Das können Themen sein wie: Welche neuen Materialien sollen für den Werkraum angeschafft werden? Wohin geht der nächste Ausflug? Wie gestalten wir unseren Gruppenraum oder das Außengelände? Was soll alles in die neue Lernwerkstatt? usw. Dabei ist es die Aufgabe der pädagogischen Fachkräfte, Ziele und Strukturen für Kinder nachvollziehbar zu gestalten. Zunächst ist es die grundsätzliche Entscheidung der Erwachsenen, ob und wie ein Projekt durchgeführt werden kann und soll. Sie legen den Rahmen fest und bestimmen, welche Entscheidungs- und Mitbestimmungsrechte sie den Kindern dabei verbindlich zugestehen.

▸▸ Fallbeispiel: Wir machen unsere eigene Kita-Zeitung

Im Gespräch mit den älteren Kindern der Gruppe wurde von der pädagogischen Fachkraft gefragt, was die Kinder im verbleibenden halben Jahr bis zur Einschulung gerne lernen oder machen wollen. Die Kinder zeichneten daraufhin individuelle Lernsterne mit ihren Zielen und Vorhaben (siehe Kapitel 4.2 Partizipatives Beobachten und Dokumentieren mit Kindern – der Lernstern, S. 89 ff.). Dabei entstand eine Fülle von Ideen. Beim gegenseitigen Betrachten der Themen stellten die Jungen Mehmet und Justin fest, dass sie beide den Wunsch haben, vor ihrer Schulzeit noch eine Kindergartenzeitung zu erstellen.

Gleich nach dem Zeichnen des Lernsterns setzen sich die beiden zusammen und entwickeln erste Ideen. Sie einigen sich darauf, dass sie eine Zeitung wollen, in der alle

■ Spannend: die erste Sitzung der Kita-Zeitungsredaktion.

Erwachsenen aus der Kindertagesstätte etwas erzählen sollen: „Was sie am liebsten machen und so.“ Doch zu zweit scheint ihnen das nicht umsetzbar. „Wir brauchen ganz viele Reporter, wie bei einer richtigen Zeitung!“ Aus diesem Grund nutzen sie eine Gruppenkonferenz, um ihr Projekt den anderen Kindern vorzustellen. Fünf weitere Kinder sind sofort Feuer und Flamme und zusammen mit Sara, Jaden, Sezen, Dilruba und Pia gründen sie eine Zeitungsredaktion.

„Und was wollen wir die Erwachsenen alles fragen?“ Gemeinsam entwickeln die Kinder mit der Erzieherin Britta einen Fragenkatalog. „Was essen sie am liebsten, welche Tiere mögen sie, welche Farben mögen sie?“ usw. Dabei kommt auch die Frage auf, wie die Erwachsenen interviewt werden sollen. „Im Fernsehen gibt es auch immer Reporter. Die haben ein Mikrofon und eine Kamera und fragen dann immer Fragen“, erklärt Justin den anderen. Und somit entscheiden die Kinder, dass alles mit einer Kamera aufgenommen werden soll. „Dann können wir uns alles auch nochmal anschauen“.
In der nächsten Redaktionssitzung wird von den Kindern beschlossen, dass allen Erwachsenen dieselben Fragen gestellt werden sollten. „Die können wir uns nicht alle merken“, sind sich Sezen und Dilruba sicher. Auch dafür wird von der Gruppe eine Lösung gefunden: „Wir können ja die Fragen aufmalen. Wie beim Kalender oder den Tageskarten, die wir in unserer Gruppe manchmal malen“, schlägt Pia vor. Die anderen Kinder sind begeistert und teilen sofort die einzelnen Fragen auf, die jede Person zu malen hat. Jedes Reporterkind bekommt schließlich einen eigenen Satz Fragenzettel.
Danach überlegen sich die Kinder, wer denn alles interviewt werden soll. Zunächst werden dafür die Namen aller pädagogischen Fachkräfte gesammelt, die in der Einrichtung arbeiten. Jedes Kinder wählt seinen Interviewpartner aus. Doch bevor es ernst wird, üben einige Kinder das Interview noch einmal.

Als die Kamera dann läuft und die ersten Interviews geführt werden, ist die Nervosität auch auf die Erwachsenen übergesprungen. Durch die Zettel fällt es den Kindern dann aber doch leichter als sie dachten, ihre Fragen zu stellen.
Im Anschluss daran können sie schon wieder ganz entspannt die Interviews auf dem Computer ansehen und es wird dabei viel gelacht.

■ So ein Interview muss gründlich geübt werden ...

■ Von wegen ich kann nicht schreiben!

Doch wie soll jetzt daraus eine Zeitung entstehen? Einige Kinder wollen, dass Buchstaben geschrieben werden. „Das ist dann wie in echt und die Großen können das lesen“. Dagegen regt sich Widerstand: „Die anderen Kinder müssen die Zeitung auch lesen können. Und die können ja noch gar nicht lesen.“ Auch in der Redaktionsgruppe kann noch kein Kind lesen. Die Kinder einigen sich, dass die Fragen mit Buchstaben geschrieben werden und mit Bildern aufgemalt. Die Antworten sollen dann alle gemalt werden. Von einer Erzieherin lassen sie sich alle Fragen in Druckbuchstaben vorschreiben und Laura, Pia und Sara schreiben sie am Computer ab. Geduldig suchen sie auf der Tastatur alle Buchstaben, die sie für die Worte brauchen. Dann wird alles geschnitten, aufgeklebt und kopiert und nach viel Arbeit überreichen die Kinder den pädagogischen Fachkräften schließlich stolz ihre ersten selbst erstellten Zeitungen.

(Fallbeispiel und Fotos aus der AWO-Kita Zwergenland aus Neumünster/Schleswig-Holstein)

In diesem Beispiel haben die Erzieherinnen nicht im Vorhinein das Projekt geplant, sondern die Ideen der Kinder aufgenommen und begleitet. Dadurch entstand ein ganz eigener, von den Kindern vorgegebener Beteiligungsprozess.

Möglicher Ablauf von Partizipationsprojekten

Der nachfolgend dargestellte Ablauf kann die Planung und Durchführung von partizipativen Projekten erleichtern. Er sollte in der Praxis jedoch lediglich als roter Faden für die pädagogischen Fachkräfte dienen.

WICHTIGES IM ÜBERBLICK

TEILSCHRITTE EINES PARTIZIPATIONSPROJEKTS

1. Bestandsaufnahme
2. Fantasie anregen
3. Ideensammlung
4. Konkretisierung
5. Treffen der Entscheidungen
6. Umsetzung

Es ist meist sinnvoll, bei partizipativen Projekten die einzelnen Abläufe einzuhalten, es muss jedoch nicht mit einer Bestandsaufnahme begonnen werden. Manchmal kann auch ein Einstieg im zweiten Teilschritt oder spätestens bei der Ideensammlung möglich und sinnvoll sein.

1) Bestandsaufnahme

Eine Bestandsaufnahme ist ein wichtiger erster Teilschritt

Um in ein Projekt einzusteigen, kann mit den Kindern zunächst eine Bestandsaufnahme durchgeführt werden. Dabei geht es darum, die Meinung der Kinder über den aktuellen Ist-Zustand zu erfahren, um damit in den späteren Schritten weiterarbeiten zu können. Im Zeitungsprojekt war die Frage „Was möchtet Ihr bis zur Einschulung noch in der Kita machen oder lernen?" der Einstieg in eine individuelle Bestandsaufnahme der Kinder. Dabei kamen ganz unterschiedliche Projektideen zutage. Neben dem Zeitungsprojekt wollten einige Kinder zum Beispiel noch Taschen nähen.

Es hat sich bei Projekten als hilfreich erwiesen, sowohl die negativen als auch die positiven Statements der Kinder abzufragen. Unterschiedliche Bewertungen können als „Dilemma-Situation" aufgegriffen und mit den Kindern im Rahmen des Projektes diskutiert und gelöst werden. Das Äußern von Bewertungen kann in der Praxis folgendermaßen angeleitet werden:

▶▶ PRAXISTIPP FÜR ERZIEHER/INNEN

Wenn es um die Beteiligung bei der Gestaltung des Kita-Lebensraumes (z. B. bei einer anstehenden Erneuerung des Außengeländes) geht, können Sie in der Phase der Bestandsaufnahme zwei Digitalkameras mit verschiedenfarbigen Aufklebern zur Unterscheidung ausstatten. Mit der Kamera mit dem roten Aufkleber dürfen die Kinder alles fotografieren, was sie nicht mögen, mit der Kamera mit dem grünen Aufkleber alles, was sie gut finden. Anschließend können die Bilder ausgedruckt und als Grundlage für die Diskussion mit den Kindern verwendet werden.

Ausgangspunkt von Projekten kann auch die Unzufriedenheit von Kindern mit bestimmten Abläufen sein. So nutzten pädagogische Fachkräfte einer Kita die Gelegenheit, Punkte der Unzufriedenheit, die die Kinder bezüglich der Lernwerkstatt äußerten, partizipativ aufzugreifen und gemeinsam Lösungen zu entwickeln. Die Lernwerkstatt konnten bisher lediglich die Kinder im letzten Jahr vor der Schule nutzen. Auch einige jüngere Kinder wünschten sich, den Lernwerkstattraum zu nutzen. Gemeinsam wurde mit den Kindern daraufhin eine neue, tragfähige Regelung erarbeitet, von der ein größeres Kind schwärmte: „Jetzt kann meine Freundin auch mit. Und die ist erst vier!"

Die Bestandsaufnahme in partizipativen Einstiegsprojekten ermöglicht es den Kindern, sich mit ihren Bedürfnissen und Meinungen auseinanderzusetzen und diese zu vertreten. Sie machen dabei die Erfahrung, dass andere ähnliche oder auch konträre Meinungen und Bedürfnisse haben und dass die Wünsche aller festgehalten und ernst genommen werden.

2) Fantasie anregen

In diesem Schritt geht es darum, gemeinsam mit den Kindern neue Möglichkeiten zu entwickeln. Bei der Erstellung der Kita-Zeitung im oben genannten Beispiel haben die Kinder ganz eigene Vorstellungen über den Inhalt und die Ausgestaltung des Prozesses entwickelt. Hier war es von Erwachsenenseite nicht notwendig, die Fantasie der Kinder anzuregen. Gerade wenn Projekte ursprünglich von Erwachsenen eingebracht werden, brauchen Kinder aber manchmal Hilfe, um eigene Ideen entwickeln zu können. Bei der Umgestaltung eines Außengeländes beantworten die Kinder die Frage „Was brauchen wir noch auf unserem Außengelände?“ nämlich häufig mit „Noch eine Rutsche.“ oder „Eine neue Schaukel.“ Diese Antworten spiegeln den bisherigen Erfahrungshintergrund der Kinder wider. Über die Bedürfnisse des einzelnen Kindes erfährt der Erwachsene damit allerdings nur in seltenen Fällen etwas. Um dies zu erreichen, ist es wichtig, nicht schon fertige Ziel- oder Produktvorstellungen vorzustellen, sondern mit den Kindern gemeinsam neue Ideen zu suchen und weiterzuentwickeln. Bei einer Spielplatzgestaltung zum Beispiel regt ein Katalog zwar die Fantasie an, lässt aber letztendlich doch nur wenig Spielraum zu. Wenn z. B. verschiedene Fotos von Wasserläufen, Felsen, Bäumen, Höhlen usw. gezeigt werden, kann mit einer offenen Frage wie: „Was kann man da alles machen?“ viel mehr über die tatsächlichen Bedürfnisse der einzelnen Kinder herausgefunden werden (vgl. Kapitel 3.3, S. 74 ff.).

3) Ideensammlung

Wenn die Fantasie der Kinder erst einmal sprudelt und die Erwachsenen eine Vorstellung davon entwickelt haben, was alles möglich sein kann, dann geht es im nächsten Schritt darum, die Ideen der Kinder zu sammeln. Im Beispiel der Kita-Zeitung geschah dies in einer Gruppenkonferenz. Wichtig ist dabei die offene dialogische Haltung der pädagogischen Fachkraft. Es geht nicht darum, Ideen zu bewerten, auszusortieren und auf ihre Machbarkeit zu überprüfen, sondern darum, zunächst alles zuzulassen, aufzugreifen und weiterzuentwickeln. Gleichzeitig müssen die Erzieher/innen als Moderatoren/innen den Prozess strukturieren und den Überblick behalten, damit keine Ideen verloren gehen oder innerhalb der Kindergruppe gestoppt werden. Das Einbringen eigener Ideen der pädagogischen Fachkraft ist dabei möglich, wenn sie als persönliche Meinung, die ein Vorschlag unter vielen ist, gekennzeichnet werden.

4) Konkretisierung

Danach folgt die Konkretisierung der Ideen der Kinder. Aus der Vielzahl der Möglichkeiten werden die aktuellen Themen der Kinder herausgearbeitet und gegebenenfalls für die spätere Abstimmung visualisiert. Auch dabei geht es nicht um die Umsetzbarkeit aus der Sicht der Erwachsenen, sondern um eine Vorsortierung durch die Kinder. Der Wunsch eines Kindes nach einem Berg auf dem Grundstück kann die unterschiedlichsten Bedürfnisse beinhalten. Vielleicht geht es um die Höhe („Ich möchte endlich mal alles von oben sehen."), um eine schiefe Ebene, die zum Laufen, Runterkullern oder Befahren genutzt werden kann, oder aber um die Möglichkeit, darin eine große Höhle oder einen Tunnel zu bauen. Im Zeitungsprojekt standen für die meisten Kinder die Interviews im Vordergrund. Sie zu planen und den Kindern die Möglichkeit zu geben, ihre Vorstellungen zu konkretisieren, nahm den größten Raum ein.

Ideen können mit Hilfe selbstgemalter Bilder visualisiert werden

Eine Möglichkeit der Visualisierung sind Fotos oder gemalte Bilder der Kinder. Bei der Visualisierung geht es nicht darum, dass die Kinder aus Sicht der Erwachsenen ein besonders gelungenes Bild malen oder das perfekte Foto anfertigen, sondern dass sie ihre eigene, für sie verständliche Zeichensprache und eigene Symbole entwickeln. Verschiedene Materialien, die auch die Dreidimensionalität zulassen, ermöglichen dabei den Kindern, zusätzliche Ausdrucksmöglichkeiten und -formen zu nutzen.

Nach dem Sammeln der Ideen, der anschließenden Vorstellung und dem Klären von Fragen werden Wahlverfahren eingeführt.

5) Treffen der Entscheidungen

Bevor die Ideen umgesetzt werden können, geht es darum, gemeinsam eine Entscheidung zu treffen. Wenn die Kinder bislang noch keine Wahlverfahren kennengelernt haben, müssen diese zuerst eingeführt werden. Bei Kindern mit Beteiligungserfahrung muss gemeinsam das für sie geeignete Wahlverfahren herausgefiltert werden. Kinder, die im Alltag immer wieder an Entscheidungen beteiligt sind, können durch unterschiedliche Wahlmöglichkeiten die Fähigkeit, ihrer Stimme Ausdruck zu verleihen, weiterentwickeln.

Bei der Verwirklichung der Kita-Zeitung wurden alle Entscheidungen von den Kindern einstimmig getroffen. Im Prozess haben die Kinder dafür immer wieder nach einer von allen getragenen Lösung gesucht. Dies ist nicht in jedem Fall möglich. Gerade bei Abstimmungen mit einer größeren Anzahl von Beteiligten kommen eher Mehrheitsverfahren zum Einsatz (siehe hierzu auch Kapitel 2.6, S. 59 ff.).

6) Umsetzung

Sind die Entscheidungen getroffen, wird gemeinsam mit den Kindern geplant, umgesetzt, reflektiert und gegebenenfalls nachreguliert. Im Zeitungsprojekt gab es unterschiedliche Umsetzungsschritte. Zum einen ging es um die Vorbereitung der Interviews und deren Durchführung, zum andern um die Erstellung der Zeitung. Dies hat immer wieder neu eine Ideensammlung, die Konkretisierung und das Treffen von Entscheidungen notwendig gemacht. Die einzelnen Umsetzungsschritte konnten hier sehr zeitnah verwirklicht werden. In den meisten Fällen ist es hilfreich, wenn zwischen dem Finden der Ergebnisse und der Umsetzung nicht allzu viel Zeit verstreicht. Nicht alle Ergebnisse müssen sofort umgesetzt werden, aber der Beginn des Projekts sollte baldmöglichst für die Kinder sichtbar sein. So kann beispielsweise bei der Gestaltung des Außengeländes schon mit kleinen Erdarbeiten begonnen werden oder erste kleine Projektabschnitte können umgesetzt werden. Bei längeren Umsetzungszeiträumen ist auch hier eine Visualisierung der zeitlichen Abläufe für die Kinder hilfreich. Die Analyse „Wo stehen wir gerade und was kommt noch?" kann dabei für die Kinder durch verschiedene Methoden transparent gemacht werden. So hat eine DRK-Kita in Schleswig-Holstein eine lange Wand im Flur genutzt, um die knapp einjährige Planungs- und Umsetzungsphase auf einer Wandtapete darzustellen. Dabei wurde in Augenhöhe der Kinder der jeweils aktuelle Planungsabschnitt mit einem Klammerpfeil markiert. Die zukünftigen Projektschritte waren als Zeichnungen und Symbole von den Erwachsenen dargestellt. Die Chronologie wurde dabei nicht nur von den Kindern genutzt, um den aktuellen Stand zu erfahren, sondern diente ebenfalls den Eltern zur Orientierung. Auch die pädagogischen Fachkräfte nutzten dieses Ablaufprotokoll, um die weiteren Planungsschritte im Auge zu behalten.

Die Umsetzung von Projektideen sollte möglichst zeitnah erfolgen

In jedem neuen Beteiligungsprozess werden die Kompetenzen der Kinder erweitert. Das Wachsen des Mitbestimmungs- und Entscheidungsradius der Kinder ermöglicht Schritt für Schritt auch komplexere, abstraktere, langfristig angelegte Partizipationsprojekte (Veränderungen im Stadtteil, Planung eines Kita-Neubaus).

2.4 Schriftlich verankerte Beteiligung in Form einer Kita-Verfassung

„Wir wollen, dass die Kinder verbindliche Rechte in unserer Kindertagesstätte haben. Jedes Kind soll seine Rechte kennen und die Möglichkeit haben, diese für sich allein oder in einem Gremium umzusetzen. Dafür haben wir gemeinsam unsere Kita-Verfassung erarbeitet."

Claudia Baumann aus der AWO-Kita Lotte Lemke in Halstenbek

Eine „Verfassung" für die Kindertagesstätte? Dieser Begriff löst manchmal Befremden aus. Letztendlich macht er aber deutlich, worum es eigentlich geht: Ein verbindliches Regelwerk, das den Kindern verlässlich Rechte in der Kindertagesstätte zugesteht. Eine Verfassung ist damit mehr als eine Absichtserklärung. Sie ist im übertragenen Sinne das „Grundgesetz" einer Kita, in ihr spiegeln sich die pädagogische Haltung und das konkrete Vorgehen der Fachkräfte im Umgang mit den Rechten der Kinder wider. Dabei geht es nicht in erster Linie darum, den Kindern möglichst viele weitreichende Mitbestimmungsrechte zuzugestehen, sondern um Verlässlichkeit und Sicherheit für alle Beteiligten. Die Grundidee, Verfassungen in Kindertageseinrichtungen zu implementieren, stammt von Rüdiger Hansen. Er führte in der AWO-Kita Bollerwagen in Neumünster/Schleswig-Holstein gemeinsam mit dem dortigen Team die erste schriftlich fixierte Kita-Verfassung ein (vgl. Hansen 2005).

Was ist mit einer Kita-Verfassung gemeint?

In der Verfassung werden alle Rechte (weniger die Pflichten), die den Kindern in der Kindertagesstätte zugestanden werden, schriftlich festgehalten. Sie legt damit fest, *worüber* die Kinder mitentscheiden oder selbst entscheiden können. Dürfen die Kinder beispielsweise bei der Auswahl der Nahrungsmittel mitbestimmen? Können sie frei zwischen allen Nahrungsmitteln auswählen? Bestimmen die Kinder bei der Auswahl und Umsetzung von Projekten mit? Müssen räumliche Umgestaltungen vom Kinderrat mitgetragen werden? usw.

Darüber hinaus beschreibt eine Verfassung, *wie* sich die Kinder beteiligen können, also in welchen Beteiligungsgremien und -strukturen die gemeinsamen Entscheidungen getroffen werden. Um den Stellenwert dieses Dokumentes deutlich zu machen, wird in vielen Einrichtungen der Begriff „Verfassung" gewählt. Es geht nämlich nicht um ein Arbeitspapier, sondern um verbriefte Rechte, die von den Kindern „einklagbar" sind und gleichzeitig für einen längeren Zeitraum gelten sollen (vgl. ebenda).

Wofür ist eine Kita-Verfassung gut?

Die Erarbeitung einer Verfassung erfordert eine intensive Auseinandersetzung der pädagogischen Fachkräfte über die Ziele, Inhalte und Strukturen der Kinderbeteiligung in ihrer Einrichtung. Mit der Klärung dieser Fragestellungen erarbeiten sie gleichzeitig ihre grundlegende pädagogische Haltung und Vorgehensweise für diesen Bereich. So entsteht ein pädagogischer Handlungsleitfaden, der die tägliche pädagogische Arbeit und die gemeinsame Reflexion erleichtert. Durch die Verschriftlichung der einzelnen Rechte der Kinder werden diese für alle Beteiligten (Kinder, pädagogische Fachkräfte, Eltern, Träger) verbindlich.

Eine Verfassung macht den Kindern ihre Rechte bewusst

Eine Kita-Verfassung hat aber nicht nur Auswirkungen auf die pädagogischen Fachkräfte und die Struktur der Einrichtung, sondern sie ermöglicht vor allem den Kindern, ihre Rechte bewusst wahrzunehmen. Häufig wird den Kindern erst nach der Einführung der Verfassung deutlich, dass sie überhaupt Rechte haben (vgl. ebenda). Der selbstbewusst geäußerte Satz „Das darf ich hier selbst entscheiden!" ist ein Indiz dafür, dass die Kinder diese Rechte schnell in ihr Handeln und Denken integrieren. So lernen sie verstärkt, sich für ihre Bedürfnisse einzusetzen und individuelle Möglichkeiten der Beteiligung zu erkennen und zu erweitern.

Die Einführung einer Verfassung eröffnet in der Regel eine lebhafte Diskussion über Erziehungsziele mit den Eltern. Dieser Austausch ist eine Chance, Einblicke in die unterschiedlichen Vorstellungen zu erhalten, sich zu verständigen und damit zu einer Erziehungspartnerschaft zu gelangen (siehe Kapitel 6., S. 113 ff.).

Wie entsteht eine Kita-Verfassung?

Die Grundlage einer Kita-Verfassung ist die Klärung der Frage: In welchen Bereichen sollen die Kinder verbindliche Mit- oder Selbstbestimmungsrechte bekommen? Damit hat eine Kita-Verfassung Auswirkungen auf das Team, die Kinder und die Eltern. Da es schwierig ist, die Interessen aller drei Gruppen gleichzeitig im Prozess zu berücksichtigen, ist eine schrittweise Erarbeitung sinnvoll.

Für viele Teams ist es erleichternd, Mitbestimmungs- und Selbstbestimmungsrechte der Kinder zunächst im geschützten Rahmen ausdiskutieren zu können, zumal dabei häufig festgestellt wird, dass viele Beteiligungsaspekte von Erzieherin zu Erzieherin ganz unterschiedlich gehandhabt und gesehen werden. Wenn die Kindertagesstätte noch wenig Erfahrung mit dem Thema Partizipation hat, ist es deshalb oft sinnvoll, die Verfassung zunächst nur im pädagogischen Team ohne Eltern und Kinder zu entwickeln. Eine externe Moderation ist für den gesamten Prozess hilfreich.

Ist dieser erste Aushandlungsprozess abgeschlossen, ist es ist wichtig, die Eltern so früh wie möglich mit ins Boot zu holen, um zu vermeiden, dass die Kinder mit der Einführung der Verfassung in einen Loyalitätskonflikt zwischen Elternhaus und Kita gebracht werden (siehe dazu auch Kapitel 6.1, S. 116 ff.). Werden die Eltern gar nicht beteiligt, kann es passieren, dass Väter und Mütter zu Recht die partizipative Haltung der pädagogischen Fachkräfte hinterfragen und dadurch Komplikationen auftreten.

Durch eine Kita-Verfassung werden Kinderrechte verbindlich gemacht

Die Impulsgeber für die Entstehung der Verfassung sind in erster Linie die pädagogischen Fachkräfte. Sie haben die Aufgabe, das Verfahren zu moderieren und alle Beteiligten (Eltern und Kinder) schrittweise im Prozess einzubinden.

In der Regel gibt es bei der Erstellung einer Verfassung zwei grundsätzliche Themenbereiche: Im einen geht es darum, die Rechte der Kinder gemeinsam festzulegen und im anderen werden die dafür notwendigen Gremienstrukturen erarbeitet. Folgende Schritte haben sich zur Einführung von Verfassungen bewährt:

WICHTIGES IM ÜBERBLICK

MÖGLICHE TEILSCHRITTE BEI DER EINFÜHRUNG EINER KITA-VERFASSUNG

1. Die Rechte der Kinder festlegen
2. Gremienstrukturen entwickeln und festlegen
3. Den Eltern die Verfassung vorstellen, gemeinsame Überarbeitung
4. Einführung der Rechte
5. Einführung der Gremien über ein Projekt mit den Kindern

1) Die Rechte der Kinder festlegen

Im ersten Schritt legt das Team fest, wobei die Kinder in der Zukunft verbindlich beteiligt werden sollen und wobei auf keinen Fall. Dabei können alle Themenbereiche der Kindertagesstätte geöffnet werden, wie zum Beispiel die Raumgestaltung, die Nutzung der Räumlichkeiten, das Essen und die Kleidung genauso wie die Entscheidung, welches Kind in welche Gruppe geht, an welchem Angebot teilnimmt oder sogar der Bereich der Personalfragen.

Es nützt wenig, an einer Verfassung mit Mehrheitsbeschlüssen zu arbeiten, da das gesamte Team die Beschlüsse sowohl intern als auch extern vertreten muss. Deshalb ist es hier sehr wichtig, um jede Formulierung zu „ringen“, damit zum Wohle der Kinder *ein* gemeinsames Ergebnis erzielt wird (siehe dazu auch

Kap. 5.3, S. 107 ff.). Das Team erlebt in diesem Prozess häufig eine erstaunliche Diskussionsdynamik und im Anschluss daran ein großes Zusammengehörigkeitsgefühl.

2) Gremienstrukturen entwickeln und festlegen

Nachdem die Rechte der Kinder festgelegt wurden, geht es um die Frage, in welchen Gremien die Kinder Mit- und Selbstbestimmungsrechte umsetzen können.

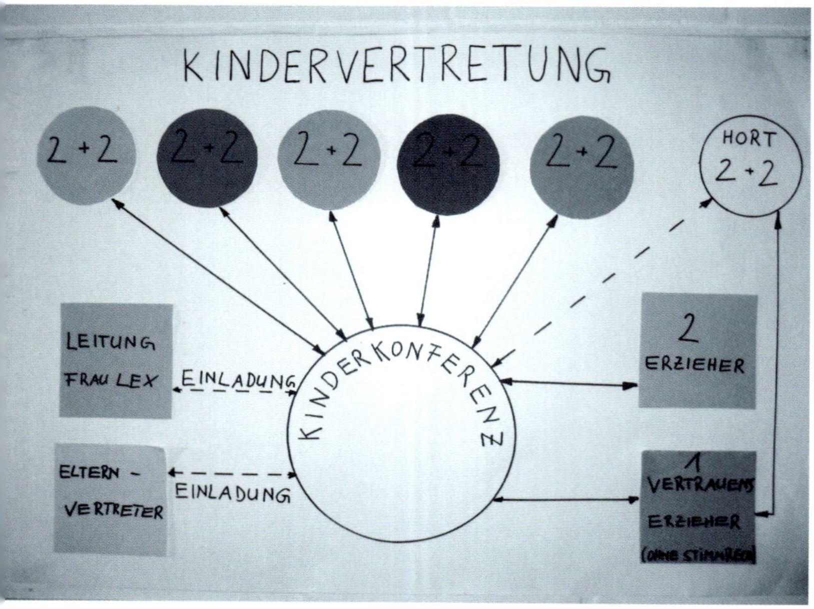

■ Schaubild zur Visualisierung der Gremienstruktur in der Kita

Es gibt ganz unterschiedliche Gremien, wie zum Beispiel Ausschüsse oder einen Kinderrat, und vielfältige Möglichkeiten, diese mit Befugnissen auszustatten. Auch die Zusammensetzung kann ganz unterschiedlich sein und sollte für die jeweilige Kindertagesstätte individuell angepasst werden (siehe Kapitel 2.5, S. 53 ff.).

3) Den Eltern die Verfassung vorstellen, gemeinsame Überarbeitung

Nachdem die pädagogischen Fachkräfte zunächst allein die Rechte der Kinder und die Gremienstrukturen geplant haben, geht es jetzt darum, gemeinsam mit den Eltern die Möglichkeiten der Umsetzung zu erarbeiten und mögliche Problemfelder herauszufiltern. Wie dies gelingen kann, beschreibt das folgende Beispiel:

▸▸ Fallbeispiel: Verfassungsentwicklung (AWO-Kita Lotte Lemke in Halstenbek/Schleswig-Holstein)

In vielen Diskussionen und Entscheidungsprozessen haben die pädagogischen Fachkräfte der AWO-Kindertagesstätte Lotte Lemke eine gemeinsame Verfassung erarbeitet. Besonders wichtig war es dem Team, dass nicht die Verbote festgehalten wurden, sondern dass die einzelnen Artikel der Verfassung genau beschrieben, wobei die Kinder mitbestimmen können. Nachdem die Erzieherinnen und Erzieher zu diesem Konsens gekommen waren, stellten sie ihre Ergebnisse an einem Elternabend vor. Schnell wurde deutlich, dass es viele unterschiedliche Ansichten zur Beteiligung von Kindern gab und dass in so einer großen Gruppe eine Einigung auf Formulierungen nicht machbar war. Deshalb beschlossen Eltern und pädagogische Fachkräfte,

Ausführungsbestimmungen zu den einzelnen strittigen Artikeln zu entwickeln. Dazu wurde eine Arbeitsgruppe gebildet, die aus fünf Eltern und einer pädagogischen Fachkraft bestand. Diese Ausführungsbestimmungen wurden später schriftlich festgehalten und der Verfassung beigelegt.

Was sind Ausführungsbestimmungen?

Ausführungsbestimmungen ergänzen in der Regel Gesetze oder Verordnungen. Sie beschreiben häufig konkret, wie die Umsetzung in bestimmten Fällen erfolgen soll. Genau darum geht es auch in Ausführungsbestimmungen zu einer Kita-Verfassung. Sie sollen den Eltern während des Prozesses die Möglichkeit geben, ihre Bedürfnisse und Sichtweisen einzubringen.

Nachdem das pädagogische Team sich auf bestimmte Mitbestimmungs- oder Selbstbestimmungsrechte der Kinder verständigt hat, werden diese den Eltern vorgestellt und es muss geklärt werden, welche Punkte von den Müttern und Vätern nicht mitgetragen werden können. Das Ziel des anschließenden Aushandlungsprozesses ist, sich auf eine Vorgehensweise zu einigen, die von allen getragen werden kann. Diese Vereinbarungen zwischen Eltern und pädagogischen Fachkräften sind stark von den individuellen Anliegen der einzelnen Mütter und Väter abhängig. Im nächsten Kindertagesstättenjahr mit neuen Eltern können die Vereinbarungen ganz anders aussehen. Deshalb hat es sich in der Praxis bewährt, nicht jedes Mal die eigentliche Kita-Verfassung zu ändern, sondern einmal jährlich mit den Eltern, die es zu diesem Zeitpunkt betrifft, neue Ausführungsbestimmungen zu erarbeiten.

Ausführungsbestimmungen können eine Kita-Verfassung ergänzen und modifizieren

Die Arbeitsgruppe in unserem Beispiel formulierte nur einige wenige ergänzende Ausführungsbestimmungen:

▸▸ Fortsetzung Fallbeispiel:
Ausführungsbestimmungen zur Kita-Verfassung

Wir Eltern bitten alle Eltern, sich mit den Pädagogen/Innen in den persönlichen Austausch zum Thema Verfassung zu begeben und sich einzubringen.

Unter Artikel 7 „Mahlzeiten“ wünschen Eltern, dass zusätzlich Orte, an denen gegessen wird, geregelt sind.

Zwischen Artikel 7 „Mahlzeiten“ und Artikel 8 „Schlafen“ wünschen Eltern den zusätzlichen Satz:

Die Kinder werden bei der Entscheidungsfindung von den Pädagogen/Innen und Eltern unterstützt.

Auch Eltern nehmnen Einfluss auf die Kita-Verfassung

In diesem Beispiel wurde gemeinsam mit den Eltern ein Weg gefunden, die unterschiedlichen Motive und Erwartungshaltungen auszutauschen und eine Lösung zu erarbeiten. Die Entwicklung von Ausführungsbestimmungen ist dabei ein Verfahren, das auch in den nächsten Jahren bei unterschiedlichen Vorstellungen zwischen Fachkräften und Eltern wieder seine Anwendung finden kann. Die pädagogischen Fachkräfte verankern damit zum einen die Beteiligung der Eltern und zum anderen eine Struktur, die unterschiedliche Erwartungen und Sichtweisen als selbstverständlich und im Aushandlungsprozess lösbar ansieht. In diesem Prozess sind Erzieherinnen und Eltern gemeinsam Lernende im intensiven Dialog. Dies bietet Chancen, das gegenseitige Vertrauensverhältnis auszubauen.

4. Einführung der Rechte bei und mit den Kindern

Grundsätzlich gibt es viele unterschiedliche Möglichkeiten, eine Kita-Verfassung für die Kinder nachvollziehbar einzuführen. Die Kita Lotte Lemke hat sich gemeinsam mit den Kindern für den folgenden Weg entschieden:

▸▸ Fortsetzung Fallbeispiel:

Nachdem wir eine auch von den Eltern mitgetragene Verfassung hatten, stellte sich die Frage, wie wir den Kindern methodisch-didaktisch die neuen Rechte vorstellen könnten. Handpuppen, Rollenspiele und viele andere Ideen wurden entwickelt und wieder verworfen. Und dann hatten wir die Idee, die Kinder zu fragen, wie sie es am besten finden würden. Damit war die Diskussion beendet und wir trugen unser Anliegen im Kinderrat vor." In diesem Gremium sind Kinder-Delegierte aus allen Gruppen, die gemeinsam für alle Kinder Entscheidungen treffen dürfen. „Wir haben den Kindern erklärt, dass sich die Erzieherinnen und die Eltern hingesetzt haben, um mal alles zu sammeln, was sie in der Kindertagesstätte dürfen. Die Kinder bekamen immer größere Augen und waren total begeistert. Sie konnten es gar nicht richtig fassen, dass wir ihnen mehr Rechte einräumen wollten. „Dann dürfen wir jetzt mehr. Das finden wir toll", waren sich viele Kinder einig. Doch wie sollte die Verfassung nun den Kindern nähergebracht werden? „Vielleicht kannst du sie uns ja vorlesen", war der erste Vorschlag. Nach dem Vorlesen des ersten Artikels kam prompt die nächste Frage der Kinder: „Und was heißt das?" Jeder Artikel wurde daraufhin von einer Erzieherin vorgelesen, ausführlich erklärt und mit den Kindern diskutiert. Am Ende hatte zwar die kleine Repräsentantengruppe der Kinder alle Rechte gehört, eine Möglichkeit der Erklärung für alle Kinder stand jedoch noch aus. Auch hierfür fanden die Kinder eine Lösung. „Wir sagen das in den Gruppen weiter und malen Bilder zu jedem Satz." Auf die Frage, wie viele Bilder zu jedem Satz gemalt werden dürfen, einigten

sich die Kinder auf zwei pro Artikel. Dies hatte zur Folge, dass sich in den fünf Gruppen der Kindertagesstätte die Kinder in den nächsten Tagen auf die jeweils besten zwei Bilder pro Gruppe einigen mussten und letztendlich für jeden Artikel der Verfassung zehn Bilder vorhanden waren.
Da die Gruppen für jeden Artikel jeweils ein DIN-A4-Blatt benutzt hatten, hatte der Kinderrat nach einer kurzen Zeit eine wahre Bilderflut zu bewältigen. Die Kinder hatten zuvor beschlossen, dass die Verfassung in der Kindertagesstätte ausgehängt werden sollte, so dass alle sie jederzeit einsehen können. Schnell war den Kindern klar, dass die vielen Zettel so nicht ausgehängt werden konnten. Sie beschlossen also, die Bilder auszuschneiden, um sie dann auf Karton aufzukleben.
Und schon befanden sich die Kinder im nächsten Abstimmungsprozess, denn nun war ihnen zunächst einmal wichtig zu klären, wer überhaupt ausschneiden darf und was ausgeschnitten wird. Der fünfjährige Torben hatte dazu eine ganz einfache Lösung. Er malte neun Häuser auf neun Blätter, nachdem er gezählt hatte, wie viele Kinder im Kinderrat waren. „Jeder bekommt einen Zettel und schneidet das Haus aus und schreibt seinen Namen drauf. Dann hängen wir die Bilder auf eine Leine und stimmen ab, wer am besten schneidet." Scheren wurden besorgt, eine Leine organisiert, Wäscheklammern geholt und die Vorbereitung zum Entscheidungsprozess zog sich in die Länge. „Eine Mutter war an diesem Tag zufällig zu Gast im Kinderrat und sagte zu mir: Das dauert jetzt so lange, nur wegen des Schneidens. Die Kinder kommen doch so nie zum Punkt. Warum sagst du denn nichts." Ich erklärte ihr, welche Bildungsprozesse allein durch die verschiedenen Entscheidungen bis zu diesem Zeitpunkt abgelaufen waren, und plötzlich sah sie, dass bei der Partizipation nicht das Produkt im Vordergrund steht, sondern der Prozess. Sie konnte den Rest der Sitzung gut aushalten und nahm die Kinder aus einem ganz anderen Blickwinkel wahr. Die Kinder schnitten dann die Bilder aus und stimmten ab. Ein dreieinhalbjähriges Mädchen bekam den Zuschlag und durfte für einen Artikel die zehn Bilder zurechtschneiden. Was sie ausschneiden durfte, entschieden die neun Kinder gemeinsam. Im Prozess des Malens, Entscheidens und Diskutierens wurde für die Kinder das Thema Rechte immer praktischer. „Viele Mädchen und Jungen konnten anhand der Bilder ihren erstaunten Eltern den größten Teil der Artikel erklären."

(Bericht der Kita-Leitung Claudia Baumann)

5. Einführung der Gremien über ein Projekt mit den Kindern

Mit der Einführung einer Verfassung und der Kita-Gremien setzen die pädagogischen Fachkräfte eine von Erwachsenen entwickelte Struktur um. Diese ist den Kindern bislang vollkommen unbekannt und braucht deshalb eine praktische und handlungsorientierte Einführung. Im Beispiel der AWO-Kindertagesstätte Lotte Lemke gab es schon vor der Einführung der Verfassung eine Gremienstruktur. Sie war in den vorangegangenen Partizipationsprojekten bereits umgesetzt worden. In vielen Kindertagesstätten entsteht aber erst mit der Erarbeitung einer Verfassung auch die Notwendigkeit, einen Delegiertenrat oder Ausschüsse einzuführen.

In der praktischen Umsetzung kommen die Kinder jedoch von sich aus nur selten auf die Idee, Delegierte zu wählen, sondern das wird in der Regel von den pädagogischen Fachkräften angeregt. Der Bezug zu einem konkreten Fall erleichtert es dabei den Kindern, den Sinn eines Delegiertenprinzips zu verstehen.

Bei der Einführung der Mit- und Selbstbestimmungsrechte der Kinder ergeben sich Entscheidungen, die nicht nur eine Kindergruppe, sondern mehrere Gruppen oder alle Kinder der Kindertagesstätte betreffen. In dieser Situation bietet sich die Einführung von Gremien an. Im oben genannten Beispiel wäre das vielleicht die Frage, wie mit den vielen Zeichnungen aus allen Gruppen umgegangen werden soll. Diese Fragestellung kann nicht in den einzelnen Gruppenkonferenzen entschieden werden, weil sie die gesamte Kita betreffen. Dafür wird ein Gremium benötigt, das sich stellvertretend für alle Kinder und alle Gruppen mit dieser Thematik auseinandersetzt. Anhand dieser Situation kann der Einstieg in eine Gremienstruktur ganz praktisch erfolgen. Die gewählten Delegierten haben den klaren Auftrag zu regeln, wie mit den vielen Zetteln umgegangen werden soll. Damit wird das Prinzip für alle Kinder deutlich und nachvollziehbar.

Anhand eines konkreten Beteiligungsprojekts kann Kindern das Delegiertenprinzip anschaulich vermittelt werden

Für die Einführung einer Kita-Verfassung und der dazugehörigen Gremien gibt es kein Patentrezept, das auf alle Einrichtungen übertragen werden kann. Es geht vielmehr darum, individuelle Möglichkeiten zugeschnitten auf die Situation der eigenen Kita vor Ort zu entwickeln. Auch die AWO-Kita Lotte Lemke ist ihren ganz eigenen Weg gegangen:

▸▸ Fortsetzung Fallbeispiel:

„Für uns war es sinnvoll, erst einmal in unterschiedlichen Beteiligungsprojekten, wie zum Beispiel bei der Gestaltung unserer Räume oder von Festen, Partizipationserfahrungen zu sammeln und erst im zweiten Schritt eine Verfassung einzuführen. Sowohl für die Kinder als auch für uns Fachkräfte war es wichtig, Rechte und Verantwortung in kleinen Schritten ausprobieren zu können. Dadurch konnten wir später bei der Erarbeitung der Verfassung den Kindern viel mehr Selbst- und Mitbestimmungsrechte zugestehen."

(Bericht der Kita-Leitung Claudia Baumann)

Beispielverfassung der AWO-Kita Lotte Lemke in Halstenbek

Präambel

Im Januar 2007 trat in der AWO-Kita Lotte Lemke das pädagogische Team als verfassungsgebende Versammlung zusammen. Die Pädagogen verständigten sich auf die künftig in der Einrichtung geltenden Partizipationsrechte der Kinder.
Die Beteiligung der Kinder an allen sie betreffenden Entscheidungen wird damit als Grundrecht anerkannt. Die pädagogische Arbeit soll nach diesem Grundrecht ausgerichtet werden.

Gleichzeitig ist die Beteiligung der Kinder eine notwendige Voraussetzung für gelingende (Selbst-)Bildungsprozesse und die Entwicklung des demokratischen Denkens und Handelns.

ABSCHNITT 1: VERFASSUNGSORGANE

Artikel 1 Verfassungsorgane

Verfassungsorgane der AWO-Kita Lotte Lemke sind die Gruppenkonferenzen, der Kindertagesstättenrat und die Gesamtkonferenz.

Artikel 2 Gruppenkonferenzen

Die Gruppenkonferenzen müssen mindestens einmal in der Woche und können bei Bedarf häufiger als einmal in der Woche in der Wolken-, Regenbogen-, Regentropfen-, Wind- und Sonnengruppe stattfinden.
Die Gruppenkonferenzen setzen sich aus allen Kindern und den Pädagogen der jeweiligen Gruppe zusammen. Die Teilnahme der Kinder an der Gruppenkonferenz ist wünschenswert.
Die Gruppenkonferenzen entscheiden im Rahmen der in Abschnitt 2 geregelten Zuständigkeitsbereiche über alle Angelegenheiten, die die jeweilige Gruppe und die gesamte Kita betreffen.
Bei der Entscheidungsfindung entscheidet die einfache Mehrheit aller Anwesenden, eine Entscheidung kann nie gegen die Stimmen aller Erwachsenen oder gegen die Stimmen aller Kinder getroffen werden.
Die Gruppenkonferenzen und alle getroffenen Entscheidungen werden protokolliert. Die Protokolle werden von den Konferenzmitgliedern genehmigt.
Die Kinder der jeweiligen Gruppe wählen aus ihrem Kreis die Delegierten für den Kindertagesstättenrat und deren Vertreter. Jede Gruppe entsendet zwei Delegierte in den Kindertagesstättenrat.
Die Wahlen erfolgen als freie Wahl unter allen Kindern, die das dritte Lebensjahr vollendet haben und sich bereit erklären, für das Amt zu kandidieren.

Artikel 3 Kindertagesstättenrat

Der Kindertagesstättenrat tagt im zweiwöchigen, bei Bedarf im einwöchigen Rhythmus. Der Kindertagesstättenrat setzt sich aus den Delegierten der Gruppenkonferenzen und zwei Delegierten des pädagogischen Personals zusammen. Die Einrichtungsleitung hat das Recht, an den Ratssitzungen als beratendes Mitglied teilzunehmen, und sie hat die Aufgabe, auf die Einhaltung gesetzlicher und finanzieller Rahmenbedingungen zu achten. Wenn die zu entscheidenden Angelegenheiten es erfordern, werden die Einrichtungsleitung, Vertreterinnen oder Vertreter des Elternbeirats und Vertreter der AWO-Geschäftsstelle zur Ratssitzung eingeladen.

Der Kindertagesstättenrat entscheidet im Rahmen der in Abschnitt 2 geregelten Zuständigkeitsbereiche über alle revidierbaren Angelegenheiten, die die ganze Einrichtung betreffen. Bei der Entscheidungsfindung entscheidet die einfache Mehrheit aller Anwesenden einschließlich der gegebenenfalls eingeladenen Einrichtungsleitung, der Vertreterinnen oder Vertreter des Elternbeirats und der Vertreter der AWO-Geschäftsstelle. Eine Entscheidung wird jedoch nie gegen die Stimmen aller Erwachsenen oder die Stimmen aller Kinder gefällt.

Der Kindertagesstättenrat kann zur Bearbeitung einzelner Themen oder Aufgaben eine Planungsgruppe einsetzen. Die Ratssitzungen und alle getroffenen Entscheidungen werden protokolliert. Die Protokolle werden von den Ratsmitgliedern in gruppeneigenen Ordnern an die Gruppe weitergereicht. Die Protokolle werden in der nächsten Gruppenkonferenz von den Delegierten vorgestellt. Die Kinder werden dabei von den Pädagogen unterstützt.

Artikel 4 Gesamtkonferenz

Die Gesamtkonferenz tagt bei Bedarf. Sie setzt sich aus allen Kindern, die die Einrichtung besuchen, den Pädagogen sowie der Einrichtungsleitung zusammen. Wenn die zu entscheidenden Angelegenheiten es erfordern, werden Vertreterinnen oder Vertreter des Elternbeirats und/oder Vertreter der AWO-Geschäftsstelle zur Gesamtkonferenz eingeladen.

Die Gesamtkonferenz entscheidet im Rahmen der in Abschnitt 2 geregelten Zuständigkeitsbereiche über alle revidierbaren Angelegenheiten, die die ganze Einrichtung betreffen. Die möglichen Alternativen werden zuvor im Kindertagesstättenrat oder in einer seiner Planungsgruppen visualisiert und in den Gruppenkonferenzen durch die Delegierten vorgestellt. Diese werden dabei von den Pädagogen unterstützt. Bei der Entscheidungsfindung entscheidet die einfache Mehrheit aller Anwesenden, eine Entscheidung wird jedoch niemals gegen die Stimmen aller Erwachsenen oder die Stimmen aller Kinder getroffen. Die auf der Gesamtkonferenz getroffenen Entscheidungen werden protokolliert. Die Protokolle werden am Ende der Sitzung von der Gesamtkonferenz genehmigt und an die Gruppen verteilt.

ABSCHNITT 2: ZUSTÄNDIGKEITSBEREICHE

Artikel 5 Sicherheitsstandards

Die Pädagogen befolgen die allgemeine Aufsichtspflicht und Gesetzgebung. Die Kinder haben hierbei kein Mitspracherecht. Die Pädagogen bemühen sich, die Sicherheit von Leib und Seele sicherzustellen.

Artikel 6 Tagesablauf

Die Kinder sollen über die Gestaltung des Tagesablaufs in den Gruppen und in der Einrichtung mitentscheiden. Die Pädagogen behalten sich das Recht vor, darüber zu entscheiden, wann das Mittagessen und ob/wann der Abschlusskreis stattfindet.

Artikel 7 Mahlzeiten

Die Kinder entscheiden, ob und was sie essen oder trinken möchten. Es werden Zeiten festgelegt und kulturelle Hintergründe sowie individuelle Unverträglichkeiten berücksichtigt. Die Kinder sollen die Möglichkeit haben, dem Koch eine Rückmeldung über das Essen zu geben. Die Kinder bestimmen über Essens- und Getränkeangebote innerhalb der Kindertagesstätte mit. Dies erfolgt immer unter Einhaltung ernährungswissenschaftlicher Richtlinien und Hygienevorschriften.

Artikel 8 Schlafen

Die Kinder entscheiden für sich, ob und wann sie schlafen möchten.

Artikel 9 Bekleidung

Die Kinder sollen selbst entscheiden, welche Kleidung sie im Innen- und Außenbereich der Kita tragen möchten.

Artikel 10 Regeln

Die Kinder und Pädagogen entscheiden gleichermaßen über die Regeln des Zusammenlebens in der jeweiligen Gruppe und in der Einrichtung.

Artikel 11 AGs, Angebote, Projekte

Die Kinder können bei AGs, Angeboten und Projekten über die Themen mitentscheiden und die Inhalte aktiv mitgestalten.

Artikel 12 Freispiel

Die Kinder haben das Recht, während der Freispielzeit selbst zu entscheiden, wo sie was mit wem spielen möchten.

Artikel 13 Feste, Ausflüge und Reisen

Ausflüge: Die Kinder nehmen in den Gruppenkonferenzen aktiv an der Auswahl der Ausflugsziele teil.

Reise: Die Kinder entscheiden nicht, ob eine Reise stattfindet. Diese Entscheidung obliegt den Pädagogen der Kindertagesstätte. Wenn eine Reise stattfindet, können die Kinder an der Gestaltung aktiv mitwirken.

Feste: Die Kinder und Pädagogen entscheiden gemeinsam, ob und in welchem Rahmen Feste gefeiert werden.

Artikel 14 Raumgestaltung

Die Kinder entscheiden über die räumliche Gestaltung der gesamten Einrichtung, der Innenräume und des Außengeländes mit. Ausgenommen von diesem Recht zur Mitgestaltung sind das Büro, die Küche, die Mitarbeiterräume und die Materialkammern.

Artikel 15 Einstellung des pädagogischen Personals

Bei der Einstellung von pädagogischem Personal haben zu gleichen Teilen die Kinder, die Pädagogen und die Leitung eine Stimme. Die Kinder haben das Recht, die Einstellung neuer Pädagogen in der Gruppenkonferenz mit Mehrheit abzulehnen, sofern es mehr als eine Bewerberin oder einen Bewerber gibt. Ausgenommen hiervon sind Spontaneinstellungen.

Artikel 16 Finanzen/Anschaffungen

Die Kinder haben kein Mitspracherecht über die Verwendung des Etats. Sie haben jedoch das Recht, bei von den Pädagogen zur Wahl freigegebenen Neuanschaffungen zu entscheiden.

Artikel 17 Öffnungs- und Besuchszeiten

Die Kinder haben über die Öffnungs- und Schließungszeiten der Einrichtung kein Mitspracherecht.

Die Kinder sollen nicht mitentscheiden, ob und wann Kinder, die nicht in der Einrichtung gemeldet sind, diese besuchen dürfen.

Artikel 18 Mitteilungen für Elternabende

Den Kindern soll die Möglichkeit gegeben werden, Mitteilungen für Elternabende zu formulieren.

Artikel 19 Kind-Eltern-Pädagogengespräche

Die Kinder ab dem 6. Lebensjahr haben das Recht, einmal im Jahr ein 10-minütiges Gespräch gemeinsam mit ihren Eltern und den Pädagogen zu führen.

ABSCHNITT 3: GELTUNGSBEREICH UND INKRAFTTRETEN

Artikel 20 Geltungsbereich

Die vorliegende Verfassung gilt für die AWO-Kita Lotte Lemke. Die Pädagogen verpflichten sich mit ihrer Unterschrift, ihre pädagogische Arbeit an den Beteiligungsrechten der Kinder auszurichten.

Artikel 21 Inkrafttreten

Die Verfassung tritt unmittelbar nach Unterzeichnung durch die Pädagogen der AWO-Kita Lotte Lemke in Kraft. Sie gilt zunächst befristet für die Dauer eines Jahres. Innerhalb dieses Jahres wird die Verfassung in regelmäßigen Abständen auf der Dienstbesprechung von den Pädagogen auf ihre Durchführbarkeit überprüft.

Artikel 22 Einführung der Gremien

Die Gremien sollen spätestens im Kindergartenjahr 2007/2008 vollständig ihre Arbeit aufnehmen.

2.5 Gremien und Strukturen

Immer wenn es um Entscheidungen in der Kita geht, die nicht nur eine Person, sondern die Interessen vieler betreffen, stellt sich auch die Frage, wie, von wem und in welchem Rahmen diese getroffen werden sollen. Um es allen Beteiligten zu ermöglichen, sich und ihre Anliegen einzubringen und mit anderen auszuhandeln, braucht die Kindertagesstätte eine individuelle Struktur, die dies gewährleistet.

Eine Möglichkeit, sich zu beraten und Entscheidungen zu fällen, ist die Versammlung aller Beteiligten, zum Beispiel in einer Kinderkonferenz, einem Stuhl- oder Morgenkreis. Hier geht es meist um die Belange der Kita-Gruppe. Betrifft das Thema aber mehrere Kindergruppen oder die gesamte Einrichtung, gibt es die Möglichkeit der Versammlung aller Kinder. Diese sogenannte Vollversammlung ist in der Regel eher ein Treffen zur Informationsweitergabe als ein Entscheidungsgremium.

Partizipation in größeren Gruppen verlangt nach Gremien

Spätestens wenn vielfältige Entscheidungen zu treffen sind, die über die Themen einer einzelnen Kita-Gruppe hinausgehen, wird es notwendig, Gremien einzuführen. In einem Kita-Gremium treffen sich Kinder und Erwachsene über eine längere Zeit hinweg zur Beratung oder zur Beschlussfassung.

Die Einführung von Gremien beinhaltet, dass einige Kinder (und Erwachsene) sich als Delegierte stellvertretend für alle anderen mit einem Thema auseinandersetzen. Gremien werden in größeren Einrichtungen sowohl bei der projektorientierten Umsetzung der Kinderbeteiligung als auch bei der Entwicklung einer Kita-Verfassung notwendig.

Entscheidungsbefugnisse und Aufgaben von Gremien

Die pädagogischen Fachkräfte sollten sich vor der Einführung von Gremien darauf verständigen, welchen Auftrag und welche Entscheidungsbefugnisse diese Gruppe hat. Hierzu gibt es folgende Möglichkeiten:

- Ein *Ausführungsgremium*, das die konkrete Umsetzung eines Auftrages übernimmt, wie die Herstellung des Raumschmucks für ein Fest, und dann eigenverantwortlich über die Umsetzung des Auftrages entscheidet.

- Ein *Beratungsgremium*, das Vorschläge erarbeitet und dann allen Kindern zur Entscheidung vorlegt. So können beispielsweise neue Regeln für den Turnraum von diesem Gremium erarbeitet werden. Diese werden danach von den

Delegierten in den einzelnen Grupenkonferenzen vorgestellt. Bei der anschließenden Abstimmung in den Gruppen liegt die letztendliche Entscheidung über die in Zukunft geltenden Regeln wieder bei allen Kindern, die mitentscheiden wollen. Ein Beratungsgremium kann sowohl bei Entscheidungen, die ein Fest oder die Gestaltung von Räumen betreffen, als auch bei der Erarbeitung von Regeln (wie oben beschrieben) oder strukturellen Veränderungen in der Kindertagesstätte sinnvoll sein.

- Ein *Planungs- und Entscheidungsgremium*, das sowohl ein Projekt plant als auch darüber entscheidet, was konkret verwirklicht werden soll. Über die getroffenen Entscheidungen werden alle anderen nur informiert. Ein Planungsgremium, das gleichzeitig entscheiden darf, hat den Vorteil, schnell zu Entscheidungen und zur Umsetzung von Projekten zu kommen, schließt aber viele Kinder (und Erwachsene) vom Prozess aus. Es sollte nur bei Entscheidungen, die wenige betreffen oder von geringer Tragweite sind, eingesetzt werden.

PRAXISTIPP FÜR ERZIEHER/INNEN

Ein Kind gegen seinen Willen zur Mitarbeit in einem Gremium zu verpflichten ist wenig sinnvoll! Sie geraten dadurch in die Rolle der/des „Kontrollierenden" und müssen dann dafür sorgen, dass das Kind auch teilnimmt und sich beteiligt. Dadurch wird eine Zusammenarbeit auf gleicher Augenhöhe verhindert und weitere Aushandlungsprozesse zwischen dem Kind und Ihnen werden erschwert.

Ausschüsse und ihre Zusammensetzung

Eine Form der Gremienarbeit ist die Zusammenarbeit in und mit Ausschüssen. Ausschüsse werden für ein bestimmtes, klar eingegrenztes Thema, wie zum Beispiel die Gestaltung der Adventszeit in der Kita, gegründet. Die Mitglieder befassen sich in der Regel nur mit diesem konkreten Bereich. Der Tagungsrhythmus und die Dauer der Treffen orientieren sich dabei an den unterschiedlichen Bedarfen der Kinder und den Erfordernissen des Themas. Ist dies abgeschlossen, löst sich der Ausschuss auf.

Ausschussmitglieder können gewählt oder ernannt werden. Die Wahl bietet sich dann an, wenn zu viele Kinder an einem Thema mitarbeiten wollen. Eine Ernennung erfolgt in der Regel durch Erwachsene. Sie legen eine bestimmte Personengruppe fest, wie zum Beispiel alle Kinder im letzten Jahr vor dem Schuleintritt. Da die Mitarbeit freiwillig ist, können die Kinder dann entscheiden, ob sie im Ausschuss teilnehmen wollen. Darüber hinaus ist es aber auch möglich, dass alle Kinder, die Interesse an einem Thema haben, ohne Wahlverfahren oder Ernennung einen Ausschuss bilden.

Ausschüsse können in ihrer Zusammensetzung weitgehend konstant bleiben oder in selteneren Fällen können auch Kinder von Sitzung zu Sitzung neu entscheiden, ob sie im Ausschuss weiter mitarbeiten möchten.

Delegiertenräte und ihre Zusammensetzung

Neben der sehr flexiblen Form der Gremienarbeit in Ausschüssen gibt es auch die Möglichkeit eines fest installierten Delegiertenrats. In einem solchen „Kinderparlament" oder „Hohen Rat" befassen sich dann gewählte Delegierte mit allen für die Kinder relevanten Themen. Die „Amtszeit" der Delegierten variiert dabei meist zwischen einem Viertel- und einem ganzen Jahr.

Form und Struktur von Kita-Gremien werden anfangs durch die pädagogischen Fachkräfte festgelegt

Der Delegiertenrat setzt sich aus gewählten Mitgliedern zusammen. Die pädagogischen Fachkräfte können dabei im Vorfeld die Gruppe der zu wählenden Kinder festlegen. So kann zum Beispiel nur aus der Gruppe der Fünf- bis Sechsjährigen oder der Nachmittagskinder gewählt werden. Dabei sollte jedoch genau überlegt werden, ob diese Einschränkung notwendig ist. Eine altersgemäße Beschränkung (zum Beispiel: Es dürfen nur die Kinder im letzten Kita-Jahr gewählt werden.) ist kritisch zu hinterfragen, da Interessen und Entwicklungsstand eines Kindes nicht ausschließlich von seinem Alter abhängig sind.

Die Delegierten haben die Aufgabe, Themen, Anliegen und Vorschläge aus ihrer Stammgruppe aufzunehmen, an das Gremium weiterzutragen und dort zu vertreten. Manchmal müssen sie dabei auch ein Gruppeninteresse vertreten, das nicht ihr eigenes ist. Diese Transferleistung ist insbesondere in den ersten Beteiligungsprozessen für viele Kinder schwierig.

Ausschuss oder Delegiertenrat?

Um Delegierte zu wählen oder einen Ausschuss ins Leben zu rufen, ist es erforderlich, dass sich die pädagogischen Fachkräfte darüber verständigen, welche Gremienform für sie passt. Sollen die Kinder als Delegierte wie in unserem parlamentarischen System die anstehenden Entscheidungen treffen oder bietet sich eher die flexiblere Form der Arbeit in Ausschüssen an? Die Entscheidung, welches für die eigene Kita der sinnvollere Weg ist, hängt von ganz unterschiedlichen Kriterien ab. Die folgende Aufstellung soll den Überblick über die verschiedenen Aspekte von Ausschüssen und Delegiertenräten erleichtern:

Gremienarbeit kann in temporären Ausschüssen oder fest installierten Delegiertenräten stattfinden

Delegiertenrat	Ausschuss
Mitglieder können sich mit allen für die Kinder relevanten Themen, die in der Kita anstehen, befassen. Die Themen werden in der gleichen Zusammensetzung gleichzeitig oder nacheinander bearbeitet.	Mitglieder befassen sich mit einem klar eingegrenzten, zeitlich befristeten Thema. Ist das Thema „abgearbeitet“, löst sich der Ausschuss wieder auf.
Zusammensetzung • Gewählte Vertreterinnen aus den Stammgruppen • Gewählte Kinder aus einer bestimmten, von Erwachsenen festgelegten Gruppe	**Zusammensetzung** • Alle Kinder, die Lust haben am Thema mitzuarbeiten • Gewählte Kinder aus dieser Gruppe
Vorteile + Die Kinder bilden eine konstante, über einen längeren Zeitraum gleichbleibende Gruppe. Die „Findungsphase“ ist schnell abgeschlossen, Regeln und Ablauf sind bekannt. + Der Sitzungszyklus ist meist im Vorfeld festgelegt und lässt sich daher besser in den Ablauf der Kita (in die Personal-, Wochen- und Raumplanung) integrieren. + Die Kinder erfahren, dass sie eine Verantwortung für ihre Gruppe übernommen haben. Sie erleben, dass sie wichtig für andere sind (Selbstbewusstsein, Verantwortungsbewusstsein wird gefördert).	**Vorteile** + Nur Kinder, die Interesse am Thema haben, sind dabei. + Das Thema ist für die Kinder überschaubar und die Aufgabe klar umrissen. Meist vertreten die Kinder nur ihre eigenen Interessen. + Immer wieder können sich neue/andere Kinder (und Erwachsene) beteiligen. Dies ermöglicht mehr Kindern, Erfahrungen mit der Gremienarbeit zu sammeln.
Nachteile – Nicht immer interessieren alle Themen jede Delegierte/jeden Delegierten. Motivationsbemühungen von Seiten der pädagogischen Fachkräfte werden erforderlich. – Die Kinder geraten manchmal in die Position, eine Entscheidung, für die sie nicht gestimmt haben, vertreten zu müssen. – Nur wenige Delegierte haben die Möglichkeit, im Gremium mitzuarbeiten. – Die Kinder verpflichten sich für eine gewisse Zeit. Rücktritte sind manchmal für die Kinder mit dem Gefühl von Scheitern verbunden.	**Nachteile** – Der flexible Sitzungsrhythmus ist häufig schwer in den Kita-Ablauf (in die Personal-, Wochen- und Raumplanung) zu integrieren. – Das Stattfinden von Sitzungen hängt bei flexiblen Ausschüssen eher von der Motivation der pädagogischen Fachkräfte ab. Ohne einen festen Zyklus ist die „Selbstmotivation“ bei der Fülle der Aufgaben manchmal schwierig. – Die Arbeit in Ausschüssen macht es erforderlich, dass alle Beteiligten gut über die Sitzungen und ihre Themen informiert sind.

Gremienarbeit und die Rolle der pädagogischen Fachkraft

Ausschüsse und Delegiertenräte sind zunächst Begriffe, die aus der Welt der Erwachsenen stammen. Sie sollen die Ernsthaftigkeit und Verbindlichkeit der Arbeit dieser Gremien unterstreichen. Trotzdem können die Regeln und das Vorgehen der Erwachsenen nicht eins zu eins auf die Kinder übertragen werden. Gremienarbeit in der Kindertagesstätte soll keine von Erwachsenen dominierte Konferenz mit Kindern sein, in der die Struktur und die Rahmenbedingungen vorgegeben sind. Es geht vielmehr darum, Versammlungen zu installieren, in denen in erster Linie die Kinder Regie führen (vgl. Kazemi-Veisari 1998, S. 14). Aus Erwachsenensicht verwertbare „Produkte“, wie zum Beispiel ein detaillierter Festablauf, können dabei nicht im Vordergrund stehen. Viel entscheidender ist der Prozess der Beteiligung und die damit verbundenen „Wirkungsziele“ für die Kinder, nämlich die Entwicklung von Selbstbewusstsein und lernmethodischen Kompetenzen.

Kinderversammlungen laufen nicht nach den Regeln der Erwachsenen ab

▸▸ Fallbeispiel: Planung eines Herbstfestes in der Kinderkonferenz

In der Kinderkonferenz sitzen heute acht Delegierte mit einer Erzieherin zusammen und beratschlagen über das Motto des Herbstfestes. „Ich will eine Einladung machen!“, teilt Bjarne unvermittelt mit. Andere Kinder schließen sich begeistert an: „Ja, für alle Eltern. Die sollen alle kommen!“ Die Diskussion über das Motto ist damit erst einmal vom Tisch. „Ihr wollt gerne alle Eltern einladen, wie können wir denn das machen?“, fragt Erzieherin Michaela nach. Die Kinder finden schnell ganz viele Möglichkeiten. „Du kannst einen Brief schreiben.“ „Wir können alle ganz viele Einladungsbilder malen.“ „Wir können für alle was basteln.“ Schließlich einigen sie sich auf viele verschiedene Einladungen, die von allen Kindern der Kita, die Lust dazu haben, in einer Bastelecke angefertigt werden. Auf alle Einladungen soll ein Aufkleber, auf dem die pädagogischen Fachkräfte einen von den Kindern diktierten Text schreiben sollen. Die selbstgewählte Aufgabe der Delegierten wird es sein, alle gebastelten Einladungen mit einem solchen Text zu bekleben sowie die Bastelecke zu organisieren und zu begleiten.

Die eigentlich auf der Tagesordnung stehende Aufgabe, das Herbstfest zu planen, ist am Ende der Sitzung nicht erledigt. Die Kinder haben einen für sie bedeutsameren Teilbereich herausgegriffen und Lösungen für die entstandenen Fragen und Probleme gefunden. Diese Form der Gremienarbeit lässt einen ergebnisoffenen, lebendigen Prozess zu, orientiert an den Anliegen und Bedürfnissen der Kinder. Die Erzieherin begleitet und moderiert den Prozess, hört aktiv zu, verbalisiert Bedürfnisse und fasst die Ergebnisse zusammen. Sie folgt den Ideen der Kinder, solange diese aktiv sind, und gibt Impulse, wenn die Kinder nicht weiterkommen oder ein Projekt zu scheitern droht.

Hier eine Aufzählung der Aufgaben, die zumindest in den ersten Sitzungen von Kindergremien durch Erwachsene wahrgenommen werden sollten:

- **Moderation des Prozesses:** Die/der Erwachsene moderiert und strukturiert den Prozess in einer dialogischen Haltung. Diese entscheidende Rolle ermöglicht es den Kindern, sich beteiligen zu können und gemeinsam Lösungen für Probleme zu finden. Häufig bereitet die Fachkraft auch den Raum vor, wenn möglich mit den Kindern (vorbereitete Umgebung).

- **Protokollführung:** Die/der Erwachsene hat die Aufgabe das Protokoll zu erstellen. Gerade zu Beginn von Beteiligungsprozessen ist es häufig noch erforderlich, dass die pädagogischen Fachkräfte das Protokoll mit den Kindern zusammen erstellen. In späteren Prozessen können die Kinder Protokolle weitgehend selbst erstellen und auch die Verteilung und das Aushängen der Ergebnisse übernehmen.

- **Interessenvertretung:** In manchen Beteiligungsprozessen kann es erforderlich sein, einer Kindergruppe, zum Beispiel den Krippenkindern, eine besondere Stimme zu geben. Die Fachkraft, die das übernimmt, hat dann als „Krippenflüsterer" die Aufgabe, die besonderen Interessen der kleinsten Kita-Kinder im Gremium zu vertreten.

In größeren Kindertagesstätten mit dementsprechend vielen Delegierten hat es sich bewährt, dass die Sitzungen von mindestens zwei Kolleginnen kontinuierlich begleitet werden.

Transparenz von Entscheidungen und Dokumentation von Ergebnissen

Die Möglichkeiten der Kinder, sich zu beteiligen, hängen auch davon ab, wie transparent die Themenauswahl und die Entscheidungen des Gremiums sind. Gibt es z. B. eine „zentrale" Sammelstelle für Tagesordnungspunkte? Hängt diese aus und haben alle Kinder die Möglichkeit, eigene Themen und Anliegen einzubringen. Wissen die Kinder über die gerade anstehenden Entscheidungen des Gremiums Bescheid?

Auch für die Eltern sind diese Informationen wichtig, denn nur wenn sie gut informiert sind, können sie ihre Kinder bestmöglich unterstützen und begleiten.

2.6 Partizipative Entscheidungsverfahren

In partizipativen Prozessen geht es immer darum, unterschiedliche Interessen zu verhandeln und gemeinsam Entscheidungen zu fällen, die von allen Beteiligten getragen werden können. Dafür können unterschiedliche Verfahren genutzt werden. Das kann ein Mehrheits- oder Konsensverfahren sein, es kann aber auch die Einigung auf eine Zufallsentscheidung bedeuten.

Vor der eigentlichen Entscheidung ist es für Kinder wie auch für Erwachsene notwendig, sich eine eigene Meinung zu bilden. Grundlage für die individuelle Meinungsbildung sind umfassende Informationen. In der konkreten Praxis mit den Kindern bedeutet dies, dass die Jungen und Mädchen alle Möglichkeiten kennen müssen, über die es zu entscheiden gilt. In Beteiligungsprozessen ist es die Aufgabe der Fachkräfte, die notwendigen Informationen, die die Kinder im Meinungsbildungsprozess benötigen, möglichst verständlich, umfassend und neutral zu vermitteln (vgl. Kapitel 1.1, Stufen der Beteiligung, S. 13 ff.).

Partizipative Entscheidungsverfahren sind für Kinder oft erst ungewohnt

Kinder erleben täglich, dass eine Vielzahl von Entscheidungen, die sie betreffen, über ihren Kopf hinweg von Erwachsenen gefällt werden. Viele Kinder sind es daher nicht gewohnt, ein Mitspracherecht zu haben und an Entscheidungen ernsthaft beteiligt zu sein und müssen sich dieser Form der Entscheidungsfindung erst Schritt für Schritt nähern. Weil partizipative Entscheidungsverfahren nicht bei allen Kindern zum bereits vorhandenen Handlungsrepertoire gehören, wird deshalb häufig die Hilfe von Erwachsenen zur Entscheidungsfindung eingefordert. Dabei entscheiden diese oft nach *ihrem* Gerechtigkeitsempfinden. Was gerecht oder ungerecht ist, empfinden aber Erwachsene und Kinder manchmal ganz unterschiedlich. Wenn es um Aushandlungsprozesse zwischen Kindern geht, sollten auch sie selbst die Kriterien festlegen, die es dann von Erwachsenenseite zu akzeptieren gilt. Oft entwickeln die Kinder bei Entscheidungen eine mehr oder weniger ausgeprägte Kinderkultur und legen ihre eigenen Regeln, Abläufe, Rituale und auch Abstimmungsverfahren fest. Dabei spielen Zufallsverfahren eine große Rolle:

Zufallsentscheidungen

In der Welt der Erwachsenen wird eher selten dem Zufall die Entscheidung überlassen, wenn unterschiedliche Interessen verhandelt werden sollen (außer z. B. bei Fußball-Weltmeisterschaften, bei denen Gruppen ausgelost werden, oder bei Stimmengleichheit bei der Sitzverteilung in der Kommunalpolitik). Von Kindern werden Zufallsentscheidungen dagegen oft genutzt. Sie haben den Vorteil, schnell und ohne lange Diskussionsprozesse eine von allen akzeptierte Entscheidung herbeizuführen. Die wohl häufigste Methode, die Kinder meist von anderen Kindern lernen, ist das Abzählen. Aber auch andere Zufallsverfahren wie z. B. Flaschendrehen, Würfeln oder Losen kommen immer wieder zum Einsatz. Auch hier entwickeln Kinder schnell ihre eigenen Ideen und Regeln.

▸▸ Fallbeispiel: Entscheidungsfindung unter Kita-Kindern

Erwachsene empfinden Entscheidungsprozesse von Kindern nicht immer als gerecht

Der fast sechsjährige Tom bestand darauf, eine Entscheidung durch das in der Kita sehr beliebte Spiel „Stein, Schere, Papier" zu treffen. Gemeinsam wurde die Regel festgelegt, dass der Gewinner drei Punkte zum Sieg benötigt. Als Tom ins Hintertreffen geriet, führte er kurzerhand die neue Figur des schwarzen Lochs ein. Auf Nachfrage erklärte er den anderen, dass das schwarze Loch alles in sich hineinsaugt und so immer gewinnt. Die Kinder nahmen diese neue Figur verdutzt zur Kenntnis und ließen sie im Spiel zu. Damit gewann Tom das Spiel, was von allen anderen Kindern akzeptiert wurde. Der Erzieherin fiel es schwer, sich nicht in den Entscheidungsprozess einzumischen, da sie die Lösung der Kinder als ungerecht empfand.

Um die Kinder an andere Abstimmungsverfahren heranzuführen und damit ihr Handlungsrepertoire beim Aushandeln unterschiedlicher Interessen zu erweitern, müssen dagegen meist Erwachsene als Impulsgeber dienen. Der Kita-Alltag bietet täglich etliche Gelegenheiten, verschiedene Arten der Abstimmung mit den Kindern auszuprobieren und auf Stärken und Schwächen hin zu überprüfen.

Partizipative, demokratische Entscheidungsverfahren lassen sich grob in Mehrheits- und Konsensverfahren einteilen.

Die Mehrheitsentscheidung

Das Mehrheitsverfahren ist ein klassisches demokratisches Entscheidungsverfahren, das aus der Welt der Erwachsenen auf die der Kinder übertragen werden kann. In dieser Form der Entscheidungsfindung wird per Abstimmung der Wunsch der meisten Betroffenen herausgefiltert. Dabei wird in Kauf genommen, dass gegenteilige Positionen einer Minderheit gegebenenfalls nicht berücksichtigt werden können. Mehrheitsentscheidungen können in geheimer oder offener Wahl erfolgen.

▸ Mehrheitsabstimmung mit oder ohne Ergebniseinsicht

Bei Mehrheitsentscheidungen spielt die Möglichkeit zu sehen, wie sich andere entscheiden, sowohl bei Kindern als auch bei Erwachsenen eine große Rolle und kann die eigene Entscheidung beeinflussen, gerade wenn es um eindeutige Mehrheiten geht. In manchen Fällen ist die Versuchung sehr groß, sich einer wahrnehmbaren Mehrheit einfach anzuschließen. Um das zu vermeiden, können Verfahren gewählt werden, die die Ergebniseinsicht im direkten Abstimmungsprozess verhindern.

Auch bei der Mehrheitsentscheidung gibt es eine Fülle von methodischen Möglichkeiten. Einige werden im Folgenden aufgezeigt:

▶ Abstimmung durch Handzeichen

Den meisten Kindern bekannt ist die Abstimmung durch Handzeichen. Dabei geht es in der Regel darum, für eine bestimmte Entscheidung seine Hand zu heben oder mit dem nach oben bzw. nach unten gerichteten Daumen seine Zustimmung oder Ablehnung zu signalisieren.

▶▶ PRAXISTIPP FÜR ERZIEHER/INNEN

Um bei Abstimmungen mit Handzeichen eine gegenseitige Beeinflussung der Kinder zu verhindern, bitten Sie die Kinder, die Augen zu schließen, ihre Wahl zu treffen und die Augen erst danach auf ein Signal hin wieder zu öffnen. Dieses Verfahren muss allerdings mit den Kindern ein paarmal geübt werden, bis es wirklich klappt.

▶ Abstimmung mit Gegenständen

Für Kinder leicht zu verstehen ist auch die Abstimmung mit Gegenständen. Hierbei erhält zum Beispiel jedes Kind drei Muggelsteine, die es auf verschiedene Bücher legen darf, um mitzuentscheiden, welches Buch für die Gruppe angeschafft werden soll.

Auch hier gibt es die Möglichkeit der geheimen Abstimmung: Neben jedem Buch kann z.B ein Becher aufgestellt werden, der mit einem Pappdeckel abgedeckt ist. Jedes Kind betritt allein den Raum, entscheidet sich für ein Buch, hebt den Deckel an und legt seinen Muggelstein hinein. Man kann auch Schachteln mit einem Schlitz versehen und sie damit zu Wahlboxen umfunktionieren. Damit ist die Ergebniseinsicht erst nach Öffnung der Wahlbehälter möglich.

▶ Abstimmen durch „Bepunkten"

Eine weitere Form der Abstimmung ist das Ankreuzen oder Bepunkten. Es eignet sich besonders, wenn Kinder aus einer Vielzahl von Möglichkeiten auswählen sollen. Die verschiedenen Möglichkeiten werden hier durch Bilder oder Zeichnungen symbolisiert und gut sichtbar ausgelegt oder aufgehängt. Jedes Kind kann nun einen oder mehrere Klebepunkte auf das Bild mit der von ihm favorisierten Möglichkeit kleben oder es mit einem Kreuz kennzeichnen.

Auch hier gibt es die Möglichkeit, die Einsicht in das Abstimmungsverhalten der anderen Kinder zu vermeiden, indem man zum Beispiel die Punkte auf die Rückseite der Bilder oder Zeichnungen kleben lässt.

▶ Abstimmen durch „Dazustellen"

Um möglichst schnell ein Ergebnis zu bekommen, ist die Methode des Sich-Dazustellens gut geeignet. Hierbei können zum Beispiel die Ecken eines Raumes genutzt werden. Dann wird gesagt: „Wer für den Vorschlag ist, dass wir heute mit den Rollbrettern in der Turnhalle fahren, geht zur Ecke mit dem Rollbrett. Wer für Fußballspielen ist, geht in die Ecke mit dem Fußball."

Wichtig ist jedoch, daran zu denken, dass manche Orte einen besonderen Reiz auf die Kinder ausüben. Wenn z.B. die Hochebene besonders beliebt ist und gleichzeitig für eine andere Möglichkeit ein weniger beliebter Ort ausgewählt wird, beeinflusst dies gegebenenfalls das Ergebnis.

▶ Auszählen und Ergebnisse präsentieren

Wichtig bei allen diesen Mehrheitsverfahren ist, dass das Ergebnis mit allen Kindern ausgezählt und nicht wie von Zauberhand präsentiert wird. Wenn die Kinder auch in diesem entscheidenden Teilvorgang einbezogen werden, wird der Prozess für alle nachvollziehbar und man ermöglicht damit den Kindern, diese Verfahren auch selbstständig zu nutzen.

Eine Mehrheitsentscheidung spiegelt nicht immer den Willen der Mehrheit wider

Bei Mehrheitsverfahren ist es die Aufgabe der pädagogischen Fachkräfte, darauf zu achten, dass es sich auch wirklich um Entscheidungen der Mehrheit handelt. Wenn zum Beispiel über mehrere Möglichkeiten abgestimmt wird, kann die Entscheidung, die die Stimmenmehrheit in sich vereinigt, trotzdem ein Minderheitenvotum sein. In einer Kita entschieden sich beispielsweise 11 Kinder dafür, dass die Wände orange gestrichen werden sollten. Für Rot stimmten acht Kinder und fünf für Grün. Somit wurde beschlossen, den Raum orange zu streichen. Letztendlich haben sich aber in diesem Fall *13* von 24 Kindern *nicht* für die Farbe Orange entschieden.

Aber auch wenn die Mehrheiten sehr deutlich sind und 20 Kinder sich dafür entschieden haben, jetzt draußen zu spielen, und nur vier weiter drinnen spielen möchten, sorgt eine klare Mehrheitsentscheidung nicht immer dafür, das Ergebnis konfliktfrei umzusetzen. Gerade diese vier Kinder können durch das Entdecken der Langsamkeit oder den plötzlichen Drang zur Toilette nicht nur der pädagogischen Fachkraft, sondern auch den anderen Kindern die Lust auf das gemeinsame Spiel draußen verderben. In solchen Fällen wird es notwendig, eine Konsensentscheidung zu finden.

Die Konsensentscheidung

Im Konsensverfahren werden Entscheidungen in einer Gruppe so lange ausgehandelt, bis sie ohne Gegenstimmen getroffen werden können. Der Konsens ist damit ein von allen getragener kleinster gemeinsamer Nenner. Für viele Erwachsene sind Konsensentscheidungen im beruflichen Alltag eher ungewohnt. Oft wird davon ausgegangen, dass gemeinsame Entscheidungen am besten über Mehrheiten getroffen werden können. Kinder praktizieren im Umgang miteinander eher Konsensentscheidungen. Oft bessern sie Mehrheitsentscheidungen durch Aushandeln so lange nach, bis schließlich alle zufrieden sind.

▸▸ Fallbeispiel: Ungelenkte Konsensentscheidung unter Kindern

Die fünfjährige Finja lief im Kindergarten herum und suchte sich einzelne Kinder aus, um mit ihnen Vater, Mutter und Kind zu spielen. Schnell war Finja sich mit Malte und Mika über die Rollenverteilung einig: „Mika ist der Vater, Jesse der Sohn und ich bin die Mutter und Malte ist mein Kind." „Ich möchte nicht der Junge sein, ich möchte das Mädchen sein", widersprach der dreieinhalbjährige Jesse energisch. Die Rollen wurden daraufhin in dieser Kindergruppe so lange weiter ausgehandelt, bis alle zufrieden waren.

Kinder erzielen von sich aus oft Konsensentscheidungen

Eine Abwandlung des klassischen Konsensverfahrens, die von uns entwickelt wurde und in der Beteiligungspraxis in Kitas eingesetzt wird, soll hier kurz vorgestellt werden. Der Blickwinkel liegt in der nachfolgenden Beschreibung auf der Einführung von Entscheidungsprozessen bei Erwachsenen. Das Verfahren lässt sich vereinfacht aber auf Kinder übertragen.

▸ Konsensentscheidung mit Hilfe eines Stufenverfahrens

Als Grundlage für die gemeinsame Entscheidung werden zunächst die unterschiedlichen Standpunkte und Argumente von den Betroffenen dargestellt und diskutiert. Im Anschluss daran wird gemeinsam nach einer Formulierung gesucht, die den erarbeiteten Diskussionsstand formuliert. Zum Beispiel wird nach der Diskussion die Formulierung „Die Kinder können in Zukunft über alle Ausflugsziele mitbestimmen." entwickelt. Erst jetzt beginnt das eigentliche Konsensverfahren. Die vier Stufen des Verfahrens werden allen Beteiligten vorgestellt und jeder entscheidet sich individuell für die Stufe, die am ehesten der eigenen Meinung entspricht.

1. Stufe: „Ich stimme vorbehaltlos zu."
2. Stufe: „Ich stimme mit Bedenken zu und trage zur Umsetzung bei."
3. Stufe: „So kann ich nicht zustimmen, die Formulierung muss verändert werden." (veränderndes Veto)
4. Stufe: „Ich bin gegen den Vorschlag." (Veto)

Wenn die Beteiligten sich alle dafür entscheiden, der Formulierung zuzustimmen (1. oder 2. Stufe) ist ein Konsens erreicht. Äußert eine Person „So kann ich nicht zustimmen" (3. Stufe) muss gemeinsam nach einer neuen Lösung gesucht werden. Wird ein Veto (4. Stufe) eingelegt, ist der Vorschlag blockiert und damit der Prozess für diesen Bereich beendet.

Der Vorteil dieses Verfahrens gegenüber einer Diskussion und anschließenden Beschlussfassung ist, dass es keine Möglichkeit gibt, überhört zu werden oder sich der Entscheidung zu entziehen. Jede beteiligte Person ist gefordert, ihr Statement abzugeben und sich damit bewusst und für alle sichtbar zu positionieren. So können immer wieder neu aufflammende „Endlos-Diskussionen" vermieden werden.

Auch das Konsensverfahren lässt sich nicht eins zu eins aus der Erwachsenenwelt auf die der Kinder übertragen. Es hilft, bei Kindern zunächst nur die Zustimmungs- und die Vetostufe einzuführen. „Wer dafür ist, dass es morgen zum Nachtisch Pudding gibt, der stellt sich zum grünen Punkt. Wer dagegen ist, zum roten." Wenn auch nur ein Kind auf dem roten Punkt steht, wird gemeinsam nach einer neuen Lösung gesucht.

Kinder gewöhnen sich schnell an dieses Verfahren und sind nach einiger Zeit sehr geübt darin, kreative Möglichkeiten zu finden, um allen eine Zustimmung zu ermöglichen (vgl. Regner/Schubert-Suffrian/Saggau 2009, S. 41).

2.7 Verschiedene Beteiligungsaspekte

Grundsätzlich lassen sich Kinder an allen Prozessen, die die Kindertagesstätte betreffen, beteiligen und jeder einzelne Beteiligungsprozess bietet ganz unterschiedliche Möglichkeiten, mit- oder selbst zu bestimmen. Selbst ganz alltägliche Aktivitäten wie ein Stuhlkreis oder ein Spaziergang beinhalten schon unterschiedliche Beteiligungsmöglichkeiten.

Einige Entscheidungen sind individuelle Entscheidungen jedes einzelnen Kindes, andere werden von den Kindern als Gruppe gefällt.

Am Beispiel einer Kindergruppe, die die Eisdiele in der Nähe besuchen möchte, stellen wir hier unterschiedliche Aspekte der Beteiligung von der Fremdbestimmung bis zur völligen Selbstverwaltung durch die Kinder vor. Dabei geht es nicht um die Devise „Je mehr desto besser“, sondern vielmehr darum, unterschiedliche Aspekte und Einstiegsmöglichkeiten für Beteiligungsprozesse aufzuzeigen.

Fragen können ein ganz unterschiedliches Ausmaß an Beteiligungsmöglichkeiten eröffnen

„Heute ist wirklich super Wetter, wir haben doch noch den Gutschein aus der Eisdiele. Lasst uns Eis essen gehen.“
Fremdbestimmung: Die Kinder haben keine Mitbestimmungsmöglichkeit. Sie werden informiert und können sich zwar zur Aktivität äußern, dies muss aber keinen Einfluss auf die Planung der Erwachsenen haben.

„Wer von Euch hat Lust, mit in die Stadt zur Eisdiele zu gehen?“
Jedes Kind kann individuell die Entscheidung über die Teilnahme für sich treffen.

„Wir haben doch noch den Gutschein von der Eisdiele. Wann wollen wir denn nun da hingehen?“
Beteiligungsmöglichkeit zeitlicher Rahmen: Die Kinder als Gruppe können das „Wann“ bestimmen.

„Wir haben einen Gutschein vom Eisladen geschenkt bekommen. Was wollen wir den nun damit machen?“
Beteiligung am Prozessverlauf und am Ergebnis: Die Kinder können mitentscheiden über das „Wie“.

„Wir haben heute richtig schönes Wetter. Habt Ihr Lust was zu unternehmen?“
Beteiligung an der Themenfindung: Die Kinder entscheiden über das „Was“.

Bei jedem Beteiligungsaspekt ist notwendig, dass die pädagogischen Fachkräfte für sich im Vorfeld den Spielraum der Kinder klären. Was ist möglich und was nicht? Können wir zum Beispiel anstelle des Mittagessens in die Eisdiele gehen oder bezieht sich die Frage nach dem „Wann?“ nur auf die Freispielzeit?

Bei einzelnen Angeboten oder Aktionen ist es möglich, gezielt einen der Teilaspekte mit den Kindern zu gestalten. Es kann aber auch sinnvoll sein, mehrere Aspekte zu koppeln und die Prozesse dadurch weiter zu öffnen. Wenn alle oben genannten Aspekte zusammenkommen, findet in diesem Bereich eine Selbstverwaltung der Kinder statt. Die Erwachsenen haben dann nur die Rolle der Begleiterin oder des Begleiters.

3

KAPITEL 3

Partizipation durch dialogische Haltung – „Nudeln im Kopf“

In diesem Kapitel erfahren Sie …

- was eine dialogische Haltung ausmacht und welche Bedeutung sie für Beteiligungsprozesse hat,
- was es beim Fragenstellen zu beachten gibt,
- wie die Körperwahrnehmung von Kindern geschult werden kann,
- wie mit Hilfe von Bildkarten Gefühle und Anliegen von Kindern sichtbar gemacht werden können.

Fallbeispiel: „Nudeln im Kopf“

Das Mittagessen ist fast vorbei. Nur noch wenige Kinder sitzen mit der Erzieherin Britta am Tisch. Daria hat gerade die letzten Nudeln heruntergeschluckt. „Du Britta, die Nudeln sind jetzt in meinem Bauch!“ Britta nickt und schaut sie interessiert an. „Rutschen die da runter?“, fragt Daria dann. Man sieht ihr an, dass sie diese Frage beschäftigt. „Ja, durch den Hals und dann in den Bauch“, mischt Luna sich ein. Wieder überlegt Daria einen Augenblick. „Und wenn ich auf dem Kopf bin so wie vorhin in der Turnhalle ... rutscht die Nudel dann in meinen Kopf?“ „Glaubst du, dass dann die Nudeln in deinem Kopf sind?“, fragt Britta nach. „Ja, ... und was ist, wenn dann da ganz viele Nudeln sind?“

„Kannst du dir vorstellen, das gleich nach dem Mittagessen auszuprobieren?“, möchte Britta wissen. „Nudeln sind noch da“, meint Luna. Einen Moment ist es still, bis Daria sagt: „Dafür muss man ganz schön mutig sein.“ „Was denkst du, wird vielleicht passieren?“, fragt Britta weiter. „Vielleicht werde ich doof im Kopf, wenn da die ganzen Nudeln in meinem Kopf sind!“

Es ist immer ein besonderer Augenblick, wenn Erwachsene und Kinder in ein durch gegenseitige Wertschätzung geprägtes, entspanntes Gespräch vertieft sind. Sich intensiv zugewandt mit einzelnen Kindern unterhalten, Gedanken und Meinungen austauschen, dazu fehlt im Kita-Alltag manchmal die Zeit. Wenn es aber doch geschieht, dann entstehen intensive Momente der Nähe.

An solchen Gesprächen ist zu beobachten, dass sie für die Beteiligten zufriedenstellend im wahrsten Sinne des Wortes sind. Was macht aber diese besonderen Unterhaltungen aus? Bei solchen Dialogen ist häufig entscheidender, *wie* kommuniziert wird als worüber. Deshalb sollte sich jede Fachkraft, gerade wenn es um die Beteiligung von Kindern geht, intensiv damit auseinandersetzen, wie sie mit Kindern kommuniziert.

3.1 Die dialogische Haltung

Um Kinder einzubeziehen, brauchen wir eine Sprache, die Beteiligung ermöglicht, herausfordert und unterstützt. In der alltäglichen Kommunikation mit Kindern teilen aber häufig die Erwachsenen den Kindern ihre Sicht der „Dinge“ mit. Oftmals steuern sie im Gespräch ein vorher festgelegtes Ziel oder Ergebnis inhaltlicher Art an. Anweisungen, Belehrungen oder auch „leere Fragenhülsen“ („Habt ihr in der Kita heute schön gespielt?“, „Wollen wir jetzt gehen?“, „Was hast du dir dabei nur wieder gedacht?“) nehmen einen großen Raum ein.

Es geht in vielen Fällen eher darum, *zu* einem Kind zu sprechen und nicht *mit* ihm. Erwachsene haben bei dieser Form der Kommunikation eher den aktiven Gesprächspart, während Kinder in eine passive Rolle gedrängt werden.

Wenn Kinder ernsthaft beteiligt werden sollen, brauchen sie die Möglichkeit, *ihre* Bedürfnisse und Wünsche wahrzunehmen und zu äußern. Dies gelingt häufig nicht ohne die „methodische Unterstützung" von Erwachsenen. Das Nachdenken über die Nudeln im vorstehenden Fallbeispiel wird entscheidend vom Verhalten der pädagogischen Fachkraft beeinflusst. Sie ist beteiligt, hört zu und fragt interessiert nach, ob sie richtig verstanden hat, was die Kinder meinen. Mit ihrer Haltung signalisiert sie jedem einzelnen Kind, dass es etwas für sie Wichtiges mitzuteilen hat. Durch ihr Interesse macht sie gleichzeitig deutlich, dass sie sowohl an der Fragestellung als auch an seiner Person selbst interessiert ist. Sie will weder „aushorchen" noch belehren, sondern die Gedankengänge des Kindes verstehen.

Im Gesprächsverlauf eröffnet sie Handlungsmöglichkeiten für das Kind (*„Kannst du dir vorstellen, das gleich nach dem Mittagessen auszuprobieren?"*) Sie bietet damit einen konkreten Zeitrahmen an, den das Kind versteht, und belässt gleichzeitig die Entscheidung bei ihm. Durch ihr einfühlsames Nachfragen deckt sie Befürchtungen auf, macht neugierig und signalisiert dem Kind: Egal wie du dich entscheidest – alles ist richtig.

Kinder und Erwachsene können sich im Gespräch auf gleicher Augenhöhe begegnen

Im Gespräch begegnet die Erzieherin den Kindern „auf gleicher Augenhöhe" und ist genau wie sie eine entdeckende Fragende und keine „Antwortgeberin". Sie stellt ihr Erwachsenenwissen nicht über das der Kinder und lässt sich ganz auf das Gespräch ein. Eine Antwort wie „Nein, die Nudeln rutschen nicht in den Kopf, auch wenn du Kopfstand machst!" hätte mit hoher Wahrscheinlichkeit das gemeinsame Nachdenken beendet. Durch ihr nicht-direktives Verhalten – sie signalisiert an keiner Stelle, dass sie weiß, was die richtige Antwort ist oder wohin das Gespräch in seinem weiteren Verlauf gehen soll – unterstützt sie das gemeinsame Nachdenken.

In solchen Dialogen zwischen Erwachsenen und Kindern geht es nicht um richtig oder falsch oder darum, den Kindern physikalische Zusammenhänge zu erklären, sondern vielmehr um den Prozess des gemeinsamen Nachdenkens. Die pädagogische Fachkraft ist dabei an den Gedankengängen der Kinder beteiligt. Sie erhält Einblick in ihr Denken und Fühlen, in ihre Anliegen, Interessen und Strategien. Das ermöglicht ihr, die einzelnen Kinder auch in anderen Zusammenhängen besser zu verstehen. Darüber hinaus geben solche Dialoge aber auch Kindern die Chance, mehr über sich selbst zu erfahren, angstfrei mit Gefühlen und Bedürfnissen umzugehen und eigene Maßstäbe und Standpunkte zu entwickeln.

„Im echten Dialog haben stets ***beide*** Seiten ‚recht'. Sie erkennen sich von Beginn an gegenseitig an. Hier gibt es nicht nur eine einzige, sondern viele Wahrheiten. Im echten Dialog ist ***jede*** Seite Lernender und spürt eine innere Bereitschaft, sich vom anderen beeinflussen zu lassen", formuliert Lothar Klein in seinem Artikel „Kinder als Ratgeber von Erwachsenen – Gleichwertigkeit als Partizipations- und Beziehungsaspekt" (aus: Klein 2002, S. 29).

Ein Dialog mit Kindern setzt voraus, sich in die Kinder einzufühlen, sie als gleichwertige Gesprächspartner zu sehen.

WICHTIGES IM ÜBERBLICK

DIALOG MIT KINDERN HEISST:

- Zeit, mich einzulassen, entspannte Atmosphäre ...
- Paraphrasieren (mit eigenen Worten das Gesagte wiederholen)
- Aktiv zuhören
- Pausen aushalten
- Nachfragen, um mich rückzuversichern, ob ich richtig gehört und verstanden habe
- Anliegen der Kinder klären
- Die Kinder unterstützen, Gefühle und Bedürfnisse zu äußern
- Rückmeldungen als Ich-Botschaften geben
- Zusammenfassen und Lösungen der Kinder in eigenen Worten wiedergeben
- Gegebenenfalls Möglichkeiten aufzeigen und Angebote formulieren

In jedem Dialog spiegeln uns die Kinder, was von ihrer Seite aus gut gelaufen ist und was möglicherweise noch zu verbessern ist. Manchmal ist das ernsthafte Hinsehen und Hinhören allerdings schwer. Kinder sind für Erwachsene aber nur in der Auseinandersetzung mit ihnen zu verstehen. Ohne den wirklichen Dialog bleiben pädagogische Fachkräfte und Eltern bei Vermutungen und Interpretationen aus Erwachsenensicht und damit immer nur an der Oberfläche.

3.2 Grundsätzliches zum Thema Fragenstellen

„Die Fragen sind es,
aus denen das, was bleibt, entsteht."

Erich Kästner (1899-1974), dt. (Kinderbuch-)Autor

Um Kinder zu beteiligen, ist es notwendig, sich auf ihre individuellen Anliegen, Bedürfnisse und Themen einzulassen, ohne dass die pädagogische Fachkraft dabei immer alles genau verstehen muss. Denn letztendlich ermöglicht erst das Akzeptieren, dass unterschiedliche Standpunkte gleichwertig sind, gemeinsame Lösungen für Probleme zu finden. Dafür brauchen Kinder pädagogische Fachkräfte, die mit einer fragenden und interessierten Haltung auf sie zugehen. Fragen sollten dabei nicht nach Fehlern, sondern nach Möglichkeiten suchen.

Im Folgenden werden Grundhaltungen zum Fragenstellen beschrieben, die es leichter machen, sich in die Denkwelt von Kindern einzufühlen:

▶ Offene Fragen stellen

„Findest du es gut, wenn es Eis zum Nachtisch gibt?" Diese Frage lädt dazu ein, knapp mit „ja" oder „nein" zu antworten. Solche geschlossenen Fragen eignen sich für einen schnellen Informationsaustausch. Soll die Fragestellung aber ausführlicher beantwortet werden, empfiehlt es sich, eine offene Frageform zu wählen: „Einige Kinder wollen Eis zum Nachtisch. Was würdest du denn gerne essen?" oder „Erzähl mal, was möchtest du denn heute gerne zum Nachtisch essen?"

Dabei geht es nicht um ein: Je offener, desto besser. Eine Frage wie „Was möchtest du gerne?" ist beispielsweise so uneindeutig, dass sie in alle möglichen Richtungen beantwortet werden kann. Auch offene Fragen brauchen einen konkreten Bezug zur Situation, sonst verwirren sie eher.

▶ Warum-Fragen vermeiden

„Warum schwimmt der Waschraum?" oder „Warum weint Nathalie?" Warum-Fragen bringen das Gegenüber in eine meistens unangenehme Rechtfertigungsposition. Die wohl häufigste Antwort auf solche Warum-Fragen ist: „Ich war das nicht!" Warum-Fragen erfordern die Beschreibung von Motiven und Verhaltensweisen. Viele Kinder sind damit überfordert. Deutlich mehr Informationen äußern Kinder auf Fragen wie: „Erzähl mal, was ist denn passiert?" Auch einfach die eigene Wahrnehmung mitzuteilen, kann manchmal sinnvoll sein: „Ich sehe, hier ist der Boden ganz nass."

▶ Kein Mitliefern vorgefasster Antworten

„Eis zum Nachtisch, das findest du doch bestimmt toll?" oder „Es gefällt dir nicht, dass wir abstimmen?" Solche Suggestivfragen, gekoppelt mit der dazu passenden Mimik und Betonung, lösen beim Kind mit hoher Wahrscheinlichkeit die Antwort aus, die die/der Fragende hören will, weil das Kind das Gefühl haben möchte, dass die Antwort und damit es selbst in Ordnung ist. Das Kind wird mit dieser Frageform fast schon zu der erwünschten Antwort „hingeschoben". Ein Nachdenken über die eigene Meinung oder das eigene Gefühl findet häufig nicht statt.

Um die Kinder zum Nachdenken anzuregen, kann man Fragen mit Ich-Botschaften koppeln: „Ich habe das Gefühl, dass es dir nicht gefällt, dass wir abstimmen. Stimmt das?" Damit bekommt das Kind die Möglichkeit, über seine momentane Gefühlslage nachzudenken und diese zu äußern.

▶ Eindeutige Fragen stellen

„Möchtest du lieber Eis, Pudding, einen Apfel oder gar keinen Nachtisch?" Die Antwort auf diese Alternativfrage ist in vielen Fällen Stille oder ein zögerliches „Ja" oder „Nein". Was das Kind wirklich will, geht aber aus dieser Antwort nicht hervor. Mit solchen „Frage-Monstern" sind die meisten Kinder überfordert. Je jünger die Kinder sind, desto mehr sollten Oder-Fragen vermieden werden. Oder-Fragen können in einzelne Fragen unterteilt werden: „Möchtest du Eis zum Nachtisch?" Bei einem „Nein" kann dann weiter gefragt werden. In vielen Fällen lässt sich bei Oder-Fragen auch beobachten, dass Kinder sich nur das Letztgenannte merken und dies auswählen. Um dies zu vermeiden, können zum Beispiel unterschiedliche Süßspeisen zur Auswahl bereitgestellt werden. Die Frage „Zeig mal, welchen Nachtisch möchtest Du?" wird in der Regel vom Kind wirklich nach der eigenen Bedürfnislage beantwortet.

▶ Die Aneinanderreihung von Fragen vermeiden

Ein ganzer Schwall von Fragen erschlägt jedes Kind

„Was ist denn eigentlich heute los mit dir? Sonst kannst du dir doch auch schon deine Schuhe allein anziehen. Warum geht das heute nicht? Kommst du mit den neuen Schnürsenkeln nicht klar? Oder hast du noch nicht ausgeschlafen?" Die/der Fragende erwartet in diesem Beispiel von dem Kind, dass es Befindlichkeiten äußert, Ursachen für den Sachverhalt angibt und damit gleichzeitig auf mehrere konkret gestellte Fragen antwortet. Dies ist selbst für einen Erwachsenen oft eine Überforderung. Die Wahrscheinlichkeit, dass das Kind auf einen solchen „Fragenschwall“ mit Schweigen reagiert, ist sehr hoch, da in diesen Fragen auch noch ein Vorwurf mitschwingt.

Sinnvoller ist es, die eigene Wahrnehmung mitzuteilen: „Ich sehe, dass es für dich heute schwierig ist, deine Schuhe zu binden ...“, und sich diese bestätigen zu lassen: „Stimmt das?“ Damit ist es für das Kind leichter, eine Erklärung für sein Verhalten zu geben. „Ja, weil ich hab am Finger so eine Stelle und die tut weh ...“

▶ Aus den Antworten der Kinder schließen, worauf es ankommt

In vielen Situationen kommt es gar nicht so sehr auf die richtig gestellte Frage an. In einer positiven Gesprächssituation kann ein einfaches „Hm?“ oder ein Hochziehen der Augenbrauen auch schon eine Frage sein, die das Kind lebhaft von sich oder einer Situation berichten lässt.

Auch das Schweigen eines Kindes kann eine Antwort sein

Jede Antwort eines Kindes gibt der pädagogischen Fachkraft Rückschlüsse darüber, wie die Frage aufgenommen und verstanden wurde. Ein „Ich war das nicht!“ lässt vermuten, dass beim Kind eine Anschuldigung angekommen ist. Wenn dies nicht beabsichtigt ist, besteht immer noch die Möglichkeit, die Absicht der Frage klarzustellen und sie neu zu formulieren, meist sogar ohne dass das Gespräch gestört oder unterbrochen wird. Hilfreich ist es, wenn bei Situationen, in denen es um Schuld und Scham gehen könnte, sehr transparent das eigene Anliegen und die eigenen Motive kommuniziert werden. „Denkst du, dass ich glaube, dass du es gewesen bist?“ „Ja – du hast mich so angeguckt!“ „Wenn ich hier sehe, dass alles nass ist, dann habe ich die Befürchtung, dass ihr ausrutscht. Ich möchte nicht, dass ihr euch wehtut und darum hätte ich gerne, dass es hier wieder trocken ist. Was braucht ihr denn, um den Boden zu trocknen?“

Manchmal ist das Schweigen eines Kindes aber auch eine Antwort. Wenn ein Kind auf eine Frage nicht antwortet, kann dies ganz unterschiedliche Gründe haben. Eine Möglichkeit ist, dass die Frage einfach nicht verstanden wurde. Dann kann sie in einer anderen Formulierung noch einmal gestellt werden. Wenn dies ebenfalls nicht funktioniert, kann es helfen, auf einer Meta-Ebene zu fragen. Etwa mit: „Magst du jetzt nicht antworten?“ oder als „Ich-Botschaft“ formuliert: „Ich habe das Gefühl, das du darüber nicht reden möchtest.“ Die Antwort macht deutlich, wie das Kind das Gesagte aufnimmt, und erleichtert die Reflexion des Prozesses.

Prinzipiell hat natürlich jedes Kind das Recht, eine Frage nicht zu beantworten. Das Drängen auf Antworten gegen den Willen des Kindes bekommt schnell einen Verhörcharakter und treibt das Kind in die Defensive. Die dann gegebenen trotzigen oder angepassten Auskünfte sagen meist mehr über die Beziehung zur fragenden Person aus als über das Kind oder den Sachverhalt. Gespräche, in denen es darum geht, Kinder zu verstehen, erfordern Geduld und Respekt.

3.3 Fragen stellen in Partizipationsprozessen

Die eben genannten Hilfen in der Formulierung von Fragen lassen sich auch bei Fragestellungen einsetzen, die Abstimmungen und Konsensverfahren einleiten. Auch hier geht es darum, dass die Kinder die Chance haben, ihre Interessen und Bedürfnisse einzubringen. Und um die Ideen der Kinder zu hören und differenzierte Antworten zu bekommen, eignen sich auch hier am ehesten offene Frageformen.

Offene Fragen haben ebenfalls ihre „Tücken", da sie ganz unterschiedliche Teilbereiche öffnen können. Um dies deutlich zu machen, werden im folgenden Abschnitt unterschiedliche Frageformen am Beispiel der Anschaffung eines neuen Spielgeräts für den Kita-Garten„durchgespielt".

Unterschiedliche Frageformen

Jede der folgenden Frageformen ist grundsätzlich möglich und lädt Kinder zur Beteiligung ein. Das Team braucht nur im Vorfeld Klarheit darüber, wie viel Partizipation es zulassen möchte oder darf (etwa bei einer Einschränkung durch bautechnische Vorschriften).

„Welches Spielgerät wollen wir für den Platz im vorderen Garten anschaffen?"

Diese offene Fragestellung benennt einen konkreten Ort („den Platz im vorderen Garten") und einen konkreten Gegenstand („Spielgerät").

Für die Kinder ist durch diese Frage klar, wo das neue Spielgerät stehen soll, und dass es sich um ein Spielgerät und nicht um eine Matschkuhle oder einen Weidentunnel handelt. Die Fragestellung ist sehr konkret an ein „Spielgerät" als ein Gerüst oder Ähnliches geknüpft. Die Kinder greifen bei ihren Antworten auf das zurück, was sie von Spielplätzen oder anderen Kindertagesstätten her kennen.

Um das Spektrum der Kinder zu erweitern, könnten Kataloge als zusätzliche Anregung zu Hilfe genommen werden. Bei dieser Frage bleiben die Antworten der Kinder in der Regel aber sehr nahe an dem, was sich Erwachsene (bzw. Spielgerätehersteller) unter einem „Spielgerät" vorstellen. In erster Linie werden die Wünsche der Kinder nach einem Gegenstand erfragt und die Antworten ähneln den Angaben auf einem Wunschzettel zu Weihnachten: „Ich wünsche mir eine Arielle-Barbie mit blonden Haaren." Zum Erfragen der konkreten Bedürfnisse der Kinder im Sinne von „Das möchte ich spielen." eignet sich diese Frageform nicht.

Die oben gestellte Frage richtet sich auch meist nicht an ein Kind, sondern eher an die Gruppe im Allgemeinen. Um die individuellen Spielbedürfnisse der einzelnen Kinder mehr in den Blick zu rücken, eignen sich Fragen, die personenbezogen sind, weit besser:

„Was brauchst du, um auf unserem Spielplatz toll zu spielen?"

Diese Frage richtet die Aufmerksamkeit auf das Spielbedürfnis des einzelnen Kindes. Von der fragenden Person wurde in diesem Fall nur der Ort („auf unserem Spielplatz") vorgegeben.

Die Fantasie des Kindes kann hier von den fertigen Spielgeräten weggehen, vielleicht zu Spielorten, die es mit der Familie besucht hat, oder auch zu Spielmöglichkeiten, die es im Fernsehen gesehen hat.

Außerdem steckt in der Frage die Möglichkeit zur Handlung („toll zu spielen"). Das Benennen von Handlungen, die an die Lebenswelt des Kindes anknüpfen, erleichtert die Beantwortung der Frage, da das Denken in diesem Alter noch stark mit dem Tun verknüpft ist. Durch das zweifache Betonen des Spielens wird der Blick des Kinders allerdings auch deutlich fokussiert.

„Wo hast du schon mal ganz toll gespielt?"

Diese Frage geht noch einen Schritt weiter. Sie öffnet den Blickwinkel der Kinder – weg vom Spielplatz vor der Kita-Tür. Anders als bei den vorangegangenen Fragestellungen bekommen Erwachsene bei solchen sehr offen gestellten Fragen nicht sofort „verwertbare" Antworten. Die Gedanken der Kinder richten sich auf Erlebnisse in einer anderen Umgebung, vielleicht auch mit anderen Menschen, und sie geben Antworten wie: „Im Urlaub, am Strand, da haben wir mit Papa eine ganz große Sandburg gebaut. Das war toll!" oder „Bei Oma, da ist so ein Wald. Da kann ich mich gut verstecken." Diese Antworten müssen dann im Prozess noch weiter konkretisiert werden: Was meint das Kind genau? Was ist ihm wichtig? Geht es um Sand, Wasser oder Wald? Geht es ums Bauen oder Verstecken? Oder geht es darum, mit einem Elternteil oder der Oma etwas zusammen zu machen und somit um die Übertragung einer positiven Emotion? Um sich dem Spielbedürfnis der Kinder wirklich zu nähern, sind weitere Gespräche und Klärungen notwendig.

„Was machst du gerne auf unserem Außengelände?"

In unserem Beispiel kann es sich unter Umständen auch anbieten, die Frage so zu formulieren, dass sie ohne den Begriff „Spiel" auskommt. Mit dieser Fragestellung können auch noch andere Aspekte, wie zum Beispiel „mich ausruhen" oder „andere beobachten", die für die Kinder nicht direkt mit „spielen" verbunden sind, in Erfahrung gebracht werden.

„Wenn eine gute Fee kommen würde und unseren Spielplatz in den tollsten der Welt verwandeln, was gäbe es denn da alles?"

Diese „Wunderfrage" eröffnet noch mehr Möglichkeiten, Ideen einzubringen. Das Kind ist in der Beantwortung nicht mehr an Vorgaben aus der Welt der vorgefertigten Spielmaterialien gebunden. Es kann auch auf den ersten Blick vollkommen unrealistische Ideen einbringen: „ Und dann würde ich eine Weltraumrakete zaubern und wir würden alle zum Mond fliegen ..."

Informationen zum Kontext

Um eine Frage zu verstehen und den eigenen Wünschen und Bedürfnissen gemäß zu beantworten, brauchen die Kinder Informationen zum Kontext. Wozu stellt eine pädagogische Fachkraft diese Frage? Was soll dabei herauskommen? Was passiert mit der Antwort? Wie geht es weiter? Erst wenn die „Tragweite" der Frage und die Zusammenhänge für die Kinder deutlich werden, können sie eine in ihrem Sinn „angemessene" Antwort geben.

Wichtiger als die Fragestellung ist die dahinter stehende dialogische Grundhaltung

Im Umgang mit Fragestellungen kommt es gar nicht so sehr darauf an, die „perfekte" Frage zu formulieren. Wenn Erwachsene signalisieren, dass sie an dem, was Kinder zu sagen haben, interessiert sind, dann kann auch eine weniger perfekte Fragestellung zum Ziel führen. Wenn etwas schiefläuft, hat die Fachkraft immer wieder die Möglichkeit nachzufragen oder gemeinsam mit den Kindern einen neuen Weg einzuschlagen.

Umgang mit Antworten

„Wir brauchen so ein Dreh-Ding!" Eine solche Aussage löst bei manchen pädagogischen Fachkräften ein „Ahh, ich weiß schon, was du meinst!" aus. Wahrscheinlich haben viele Erwachsene schnell ein Bild von so einem Spielzeug im Kopf. Dies wird am ehesten ihren Erfahrungen und ihrer Lebenswirklichkeit entsprechen und muss nicht mit dem Bild des Kindes übereinstimmen.

PRAXISTIPP FÜR ERZIEHER/INNEN

Die Vorstellungen von Kindern und Erwachsenen liegen manchmal sehr weit auseinander. Versuchen Sie durch geduldiges Nachfragen herauszubekommen, was das Kind denn in dieser speziellen Situation wirklich meint, welches Bild es innerlich vor Augen, welches Anliegen es tatsächlich hat. Bleibt ein Verständigungsproblem bestehen, können manchmal andere Kinder als „Übersetzer" herangezogen werden.

Egal welche Fragestellungen im Zusammenhang mit Abstimmungen oder Konsensverfahren gestellt werden, sollten sich die pädagogischen Fachkräfte im Vorhinein untereinander darüber verständigen, welche Aspekte sie eröffnen wollen. Geht es darum, Antworten zu bekommen, die schnell und ohne weitere Zwischenschritte umzusetzen sind, dann sollten in den Fragen schon Vorgaben enthalten sein. Geht es aber darum, etwas über die eigentlichen Bedürfnisse der Kinder zu erfahren und sie zu verstehen, dann braucht dies intensive und manchmal langwierige Prozesse. Verständigungsprozesse zwischen Erwachsenen und Kindern können in die folgenden Teilschritte aufgegliedert werden:

WICHTIGES IM ÜBERBLICK

TEILSCHRITTE VON VERSTÄNDIGUNGSPROZESSEN

1. Fragestellung an die Kinder und ihre Beantwortung
2. Klärungsprozesse mit einzelnen Kindern oder der Gruppe darüber, was gemeint ist
3. Rückversicherung der Erwachsenen, ob sie auf dem richtigen Weg sind

In manchen Fällen ist es hilfreich, die Fragestellungen im Kreis der Kolleginnen und Kollegen durchzuspielen und anhand der Antworten zu überprüfen, ob das Spektrum, das der Frager/die Fragerin beabsichtigt hat, dabei herauskommt.

3.4 Die Körper- und Gefühlswahrnehmung fördern

In Beteiligungsprozessen geht es immer darum, unterschiedliche Bedürfnisse auszuhandeln und gemeinsam Lösungen für Probleme zu finden. Dies geschieht im Kita-Alltag in einer Vielzahl von kleinen Prozessen zwischen Kindern und Erwachsenen, aber auch als Aushandlungsprozess unter Kindern und auf der Ebene der Erwachsenen. Dabei geht es oft nicht darum, Sachargumente auszutauschen, sondern nur um das Ausdrücken und gegenseitige Verstehen von Emotionen.

Um ihre Anliegen, Wünsche und Interessen in Aushandlungsprozessen formulieren zu können, brauchen Kinder sowohl einen *Zugang zu ihren körperlichen Empfindungen* („Wann ist mir warm?“, „Bin ich hungrig oder satt?“) als auch die *Fähigkeit, ihre Gefühle wahrzunehmen und auszudrücken* („Das macht mich traurig.“, „Ich bin wütend“).

Kinder bei der Wahrnehmung körperlicher Empfindungen unterstützen

Aushandlungsprozesse verlangen eine aufmerksame Wahrnehmung der eigenen Gefühle und der anderer

Gerade wenn Kinder die Möglichkeit bekommen, von Selbstbestimmungsrechten Gebrauch zu machen, wie beispielsweise entscheiden zu können, was und wie viel ich esse, brauchen sie die Fähigkeit, körperliche Empfindungen bewusst wahrzunehmen und in ein verantwortliches Handeln umzusetzen („Ich friere, also hole ich mir eine Jacke.“). In Beteiligungsprozessen ist es wichtig, den Kindern die Möglichkeit zu geben, dies zu erproben und Erfahrungen zu sammeln.

Die Mitarbeiterinnen einer Kita haben zum Beispiel den Kindern im Rahmen eines Partizipationsprojektes das Recht zugestanden, selbst zu entscheiden, was sie anziehen, wenn sie auf dem Außengelände der Kita spielen gehen (weitere Beschreibung des Prozesses siehe den Erfahrungsbericht in Kapitel 6.3, S. 120 ff.).

▸▸ Fallbeispiel: Die Körperempfindungen Warm und Kalt werden erfahrbar gemacht

„Da die Kinder bisher ihre Bekleidung nicht selbst wählen konnten, war es uns wichtig, körperliche Empfindungen wie „Wie fühlt es sich an, wenn mir warm oder kalt ist?“ zum Thema zu machen. Dafür haben wir eine Kiste mit unterschiedlichen Materialien wie Metall, Wolle und Styropor zum Fühlen bereitgestellt. Die Kinder haben selbst noch Kühlkissen und warme Jacken geholt. In der Diskussion darüber, was wärmt und was kalt ist, stellten die Kinder fest, dass die Wahrnehmung jedes Einzelnen ganz unterschiedlich sein kann. In der Auseinandersetzung mit dem Thema fiel

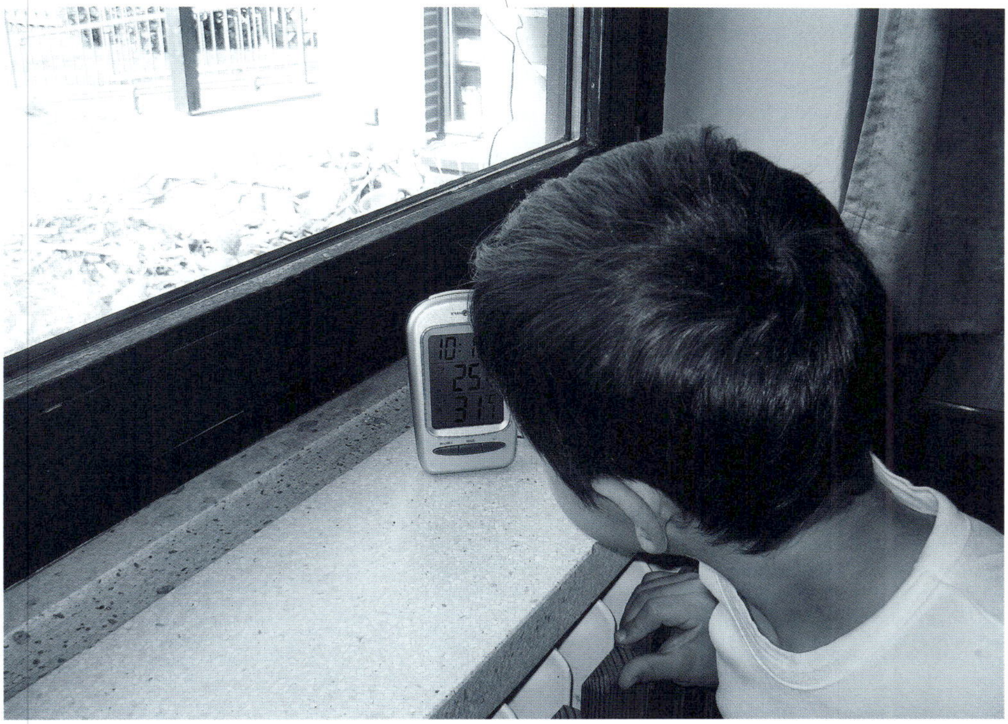

■ Ziemlich warm ... Da brauch ich gar keine Jacke.

den Kindern auch auf, dass man sehen kann, wenn einem kalt ist: „Mama sagt immer, ich habe ganz blaue Lippen." Vor einem großen Spiegel wurde von den Kindern in den nächsten Wochen immer wieder betrachtet, wie sie oder auch andere Kinder aussehen, wenn sie schwitzen oder frieren. Inzwischen machen sich die Kinder gegenseitig selbst auf die körperlichen Anzeichen aufmerksam, beratschlagen gemeinsam, was zu tun ist, und helfen sich beim An- oder Ausziehen."

(Erfahrungsbericht der Erzieherinnen Doreen Henack und Susanne Jeske der Ev. Kita in Ottendorf bei Kiel/Schleswig-Holstein)

Kinder beim Wahrnehmen und Ausdrücken von Gefühlen unterstützen

Damit Kinder Anliegen mit anderen aushandeln können, ist ein Zugang zu den eigenen Emotionen und Wahrnehmungen erforderlich. Vielen Kindern fällt es schwer, ihre eigenen Gefühlszustände bewusst wahrzunehmen und auszudrücken. In Beteiligungsprozessen spielen aber nicht nur die eigenen Gefühle, sondern immer auch die Bedürfnisse und Gefühle des Gegenübers eine Rolle. Damit kommt dem Umgang mit Gefühlen und der Verbalisierung eine doppelte Bedeutung zu.

Damit Aushandlungsprozesse erfolgreich ablaufen können, brauchen Kinder sprachliches sowie methodisches Handwerkszeug, um ihre eigenen Emotionen ausdrücken und die anderer verstehen zu können (Was fühle ich? Was fühlt und möchte mein Gegenüber? Wie teile ich meine Bedürfnisse und Gefühle anderen mit? Wie handeln wir eine tragfähige Lösung aus?). Wenn Kinder bisher nur wenig Gelegenheit im Umgang mit Gefühlsäußerungen hatten, kann dies in Partizipationsprojekten zu Konflikten führen. Beteiligungsprozesse bieten optimale Möglichkeiten, diese Kompetenzen auf- und auszubauen.

Dabei sind emotionale und kommunikative Kompetenzen sowohl Voraussetzung als auch Ziel von Beteiligungsprozessen. Den folgenden drei Fähigkeiten kommt dabei die größte Bedeutung zu:

- Sich über die eigenen Gefühle bewusst sein, sie akzeptieren und regulieren können
- Eigene Gefühle und Bedürfnisse kommunizieren können
- Gefühlszustände anderer Personen erkennen und verstehen

Konfliktklärung mit Hilfe von Bildkarten

Kinder brauchen Unterstützung bei der Wahrnehmung und Verbalisierung ihrer Gefühle

Wenn Kindern der Zugang zu den eigenen Gefühlen schwerfällt, äußert sich das im Alltag manchmal dadurch, dass sie „handgreiflich“ werden oder sich zurückziehen. Um mit Konflikten angemessen umgehen zu können, brauchen Kinder zumindest anfangs die Begleitung von pädagogischen Fachkräften. Dabei geht es darum, Kindern die Lösung ihrer Konflikte zuzutrauen und den Prozess zu moderieren, ohne Lösungsgeber/in oder Richter/in sein zu wollen.

Um Kindern den Umgang mit Gefühlen zu erleichtern, hat Britta Henningsen aus der AWO-Kita Zwergenland in Anlehnung an die Gewaltfreie Kommunikation nach M. B. Rosenberg (vgl. Rosenberg 2007) Bildkarten entwickelt. Diese sollen den Kindern das Äußern von Gefühlen und Bedürfnissen in Konflikten erleichtern und ihnen damit eine Beteiligung an der Lösung ermöglichen:

Beobachtung

Gefühl

Bedürfnis

Wunsch

⏩ Fallbeispiel: Klärung einer Konfliktsituation unter Kindern mit Hilfe von Bildkarten

Auf dem Bauteppich der Bärengruppe wird es laut. Alex und Justin haben eine heftige Auseinandersetzung. Die beiden schubsen sich gegenseitig und schlagen aufeinander ein. „Das ist voll gemein!" „Ich hatte das Auto zuerst ..." Erzieherin Britta geht auf die beiden zu und sagt deutlich: „Stopp! Ich würde gerne darüber mit euch sprechen. In der Puppenecke ist es ganz ruhig – geht ihr schon mal dahin. Justin, nimmst du bitte die Karten mit?" Justin rennt zu den Karten und legt sie auf den Tisch in der Puppenecke.

Britta zeigt den beiden die Beobachtungskarte (siehe Bildkarten links). „Ich habe gesehen, dass ihr gerangelt habt." So gibt sie ihre Beobachtung wieder, ohne zu bewerten. Danach zeigt sie die Gefühlekarte und formuliert: „Ich hatte das Gefühl, dass ihr euch weh tut und es euch nicht gut geht." Anschließend hebt sie die Bedürfniskarte hoch: „Ich würde gerne wissen, was los ist." Danach legt sie die Wunschkarte auf den Tisch und bittet Alex: „Magst du zuerst erzählen, was los ist?"

Die Karten orientieren sich an den folgenden vier Schritten:

1. Beobachtung äußern: Was habe ich gesehen oder gehört?
2. Gefühl äußern: Welche Gefühle hat das bei mir ausgelöst?
3. Bedürfnisse äußern: Welche Bedürfnisse stecken dahinter?
4. Bitte oder Wunsch äußern: Was wünsche ich mir?

Durch diese vorgegebene Struktur wird es für die beiden Kontrahenten leichter, sich auszutauschen und den anderen zu verstehen.

Mediation heißt auch, für niemanden Partei zu ergreifen

Im Prozess übernimmt die Erzieherin die überparteiliche Position der Konfliktmoderatorin. Sie ist dabei nicht für die Lösung des Streites zuständig und hat auch nicht die Aufgabe, „Recht zu sprechen". Ihre Rolle ist die der Begleiterin der Kinder auf ihrem Weg der Konfliktklärung. Dabei ermöglicht sie den Kindern zunächst, ihre Standpunkte zu äußern und die Sichtweise des Kontrahenten zu hören. Im nächsten Schritt geht es darum, die Hintergründe und Motive zu beleuchten. Insbesondere bei der Gefühlekarte ist es zu Beginn wichtig, die Kinder gut zu begleiten, um eine klare Benennung zu ermöglichen. Erst dann werden gemeinsam Lösungsmöglichkeiten gesucht und schließlich diejenige ausgewählt, die die größtmögliche Zustimmung beider Parteien erhält. Diese aus der Gewaltfreien Kommunikation und der Mediation stammende Methode erleichtert es Kindern und Erwachsenen, Anliegen zu äußern und tragfähige Lösungsansätze zu entwickeln. Durch die gemeinsame Erarbeitung der Lösungen erwerben Kinder Konfliktlösungskompetenzen, die sie auch in späteren Situationen nutzen können (vgl. Regner/Schubert-Suffrian/Saggau 2009, S. 37).

Aus dem bisher Gesagten ergeben sich die folgenden Phasen eines Mediations- oder Konfliktklärungsprozesses:

WICHTIGES IM ÜBERBLICK

DIE FÜNF PHASEN EINES MEDIATIONSPROZESSES

1. Klären der Rahmenbedingungen: Wer wird von den Kontrahenten als neutral angesehen und als Moderator/in des Prozesses akzeptiert? Wo kann das Gespräch in Ruhe stattfinden?
2. Unterschiedliche Sichtweisen schildern: Die moderierende Fachkraft ermöglicht, dass die Kinder ohne Unterbrechungen ihre jeweiligen Sichtweisen schildern können, versucht zu verstehen, fragt nach und fasst zusammen.
3. Hintergründe verdeutlichen: Motive und Gefühle werden geäußert. Die Kontrahenten haben so die Möglichkeit zu verstehen, was die andere Seite dazu bewogen hat, auf diese Weise zu reagieren.
4. Erarbeiten einer Problemlösung: Verschiedene Lösungsvorschläge werden erarbeitet. Dabei erfolgt eine Annäherung an die möglichen Lösungen.
5. Konfliktlösung für den konkreten Fall vereinbaren: Die Kinder beschließen eine für beide Parteien tragbare Konfliktlösung. Die Lösung wird dabei ggf. „zeichnerisch" festgehalten.

„Ich merke in der Kita immer wieder, dass es den Kindern an dieser Stelle total schwer fällt, ihre Gefühle zu äußern", berichtet Britta Henningsen. *„Sie brauchen manchmal Hilfe um wahrzunehmen, wie sie sich jetzt eigentlich fühlen und was sie brauchen. Um ihnen und mir das zu erleichtern, haben wir zusätzlich angefangen, mit den Kindern Gesichter, die für die einzelnen Grundgefühle stehen, zu entwickeln und auf Karten aufgemalt. So sind Karten mit fünf verschiedenen Gesichtern – Freude, Wut, Trauer, Angst und ein neutrales Gesicht – entstanden. Die Kinder kennen die Karten und setzen sie inzwischen auch allein ein, bei der Klärung von Streitigkeiten oder als Hilfe, wenn es darum geht, Gefühle zu äußern."*

▸▸ Fortsetzung Fallbeispiel:

Bei der Klärung des Konfliktes von Alex und Justin bietet Britta Alex an, die Karten mit den Kreisgesichtern zur Hilfe zu nehmen. Sie liegen an einem festen Platz und sind für alle jederzeit erreichbar. Alex nickt nur mit dem Kopf und läuft los, um die Karten zu holen. „Du hast gesagt, die anderen lassen dich nicht mitspielen. Wie hat sich das angefühlt?", fragt Britta ihn. „Erst so", Alex zeigt auf die Karte mit dem traurigen Gesicht. „Du warst traurig, dass die anderen dich nicht mitspielen lassen?", fragt sie weiter. „Ja, die sind da immer auf dem Bauteppich und ich darf nicht bei den Autos mitmachen. Und dann ist das so." Er zeigt auf die Karte mit dem wütenden Gesicht. „Das macht Dich dann wütend?", verbalisiert Britta. „Das finde ich voll gemein!", bestätigt Alex. Justin hat dem Gespräch in der Zwischenzeit aufmerksam zugehört. Mit Hilfe der „Wunsch-Karten" kann Alex nun Justin schrittweise darstellen, was er möchte. Alex legt jeweils eine Karte auf den Tisch und erklärt Justin dazu.

Beobachtungskarte: „Ich habe gesehen, dass ihr auf dem Bauteppich wart."
Gefühlekarte: „Da war ich traurig und … ein bisschen wütend."
Bedürfniskarte: „Ich will auch mitspielen!"
Wunsch- oder Bittekarte: „Lasst ihr mich gleich mitspielen?"

Justin überlegt einen Augenblick, bis er sagt: „Wir können es ja probieren, aber du kriegst nicht alle Autos. Und das Polizeiauto brauche ich!"

Alex konnte sich durch die Karten seiner Gefühle bewusst werden und diese auch äußern. Justin war deshalb in der Lage zu verstehen, worum es ging, und konnte ein Lösungsangebot machen. Im zweiten Schritt des Konfliktes ging es darum, eine Kommunikationsstruktur zu verankern, die es den Kindern ermöglicht, ihre Gefühle und Bedürfnisse angemessen zu äußern.

Zum Weiterlesen: Rosenberg 2007; Juul/Hensen 2009.

4

KAPITEL 4

Der Blick auf besondere Themen: Was Partizipation auch ist

In diesem Kapitel erfahren Sie ...

- wie das Aushandeln von Regeln funktionieren kann,
- wie ein Lernstern zur Selbstbildung genutzt werden kann,
- wie unter Dreijährige beteiligt werden können.

4.1 Gemeinsames Aushandeln von Regeln

Wenn es um Beteiligung von Kindern in der Kindertagesstätte geht, dann taucht häufig die skeptisch geäußerte Frage auf: „Sollen die Kinder jetzt noch mehr bestimmen? Kinder brauchen doch auch Grenzen und Regeln." Diese Frage beziehungsweise Aussage impliziert, dass partizipative Pädagogik, überspitzt formuliert, eine Pädagogik ohne Regeln und Grenzen ist. In der konkreten Umsetzung im Kindertagesstättenalltag zeigt sich häufig aber, dass in Beteiligungsprojekten keine Grenzen- oder Regellosigkeit herrscht, ja sogar meist nicht einmal eine Minimierung von Regeln erfolgt.

In der partizipativen Pädagogik gibt es durchaus auch Grenzen und Regeln

Die entscheidende Frage im partizipativen Umgang mit Regeln ist nicht die Anzahl der Regeln und Grenzen des Zusammenlebens, sondern vielmehr, *wer* diese festlegt? Und *wer* deren Einhaltung überprüft. Sind es die Erwachsenen allein? Oder werden die Grundlagen des Zusammenlebens von allen Beteiligten – pädagogischen Fachkräften, Kindern und auch Eltern – gemeinsam ausgehandelt?

Regeln definieren das Zusammenleben. Sie schreiben eine Bewertung fest, nämlich welche Handlungsweisen zu akzeptieren sind und welche nicht, und stellen damit Richtlinien für das Verhalten von Kindern und Erwachsenen auf. Die Hoffnung der Erwachsenen bei der Einführung von Regeln ist oft, entlastet zu werden und selbst einen Handlungs- und Entscheidungsleitfaden zur Verfügung zu haben. Diese Hoffnung wird in der Praxis aber oft nicht erfüllt. Das Überwachen von einseitig aufgestellten Regeln führt häufig zu Machtkämpfen und nimmt damit viel Zeit und Energie in Anspruch (vgl. Kazemi-Veisari 1998, S. 33 ff.).

Wenn Kinder die Möglichkeit erhalten, sich mit ihren Ideen und Bedürfnissen einzubringen und gemeinsam Lösungen für alltägliche Probleme zu finden, erfahren sie, dass die Gemeinschaft Grenzen setzt. Sie stoßen mit ihren Bedürfnissen und Ideen an die Grenzen von anderen Kindern oder Erwachsenen. Diese Grenzen werden in Partizipationsprozessen als Grenzen der Gemeinschaft transparent. Sie sind nicht länger nur ein Verbot der Erwachsenen, sondern stehen im Sinnzusammenhang. Aus einem „Das macht man nicht" wird somit ein „Ich mache das nicht, weil wir …".

Regeln, die miteinander ausgehandelt werden, basieren auf Freiwilligkeit, Verständnis und Einsicht. Sie werden meist als Regeln des Zusammenlebens aller erlebt, die die Bedürfnisse von ***gleichwürdigen*** Partnern widerspiegeln (siehe die folgende Begriffsdefinition unter Stichwort „Gleichwürdigkeit"). Solche Regeln müssen in Beteiligungsprozessen immer wieder gemeinsam auf ihre

Relevanz überprüft werden und sind damit einem stetigen Veränderungsprozess unterzogen.

Stichwort „Gleichwürdigkeit“

Der Begriff der Gleichwürdigkeit wurde von Jesper Juul, einem dänischen Familientherapeuten, eingeführt. Gleichwürdige Beziehungen sind von einer Haltung geprägt, die den jeweils anderen ernst nimmt und ihm in allen seinen Lebensäußerungen Respekt entgegenbringt. Gleichwürdig bedeutet nicht dasselbe wie gleichberechtigt, denn Erwachsene und Kinder beispielsweise sind zwar nicht gleichberechtigt, aber sie sind gleichwürdige Partner, wenn die Erwachsenen die Meinungen und Bedürfnisse der Kinder genauso ernst nehmen wie die eigenen.

Wie eine Kindergruppe zu solchen gemeinsam ausgehandelten Regeln kommen kann, zeigt das folgende Beispiel:

▸▸ Fallbeispiel: „Wir brauchen einen Kaugummi-Chef!“

„Iiiiih! Da klebt ein Kaugummi am Tisch, das ist voll eklig“, beschwert sich Hannah lautstark. Auch die Erzieherin guckt wenig begeistert. Sie macht Hannah und den anderen Kindern den Vorschlag, gleich im Anschluss im Morgenkreis gemeinsam eine Lösung des Problems zu suchen. Als alle später im Kreis sitzen, scheint das Thema Kaugummis auch andere Kinder zu beschäftigen und neue Probleme, wie z.B. die Verteilung der Kaugummis, kommen zur Sprache. So findet es Marco „voll ungerecht, dass immer nur die großen Jungs einen Kaugummi bekommen!“

In der Kindergruppe entsteht eine intensive Diskussion darüber, wie man diese Probleme angehen könnte. Der Vorschlag von Lasse, einfach alle Kaugummis in der Kita zu verbieten, stößt bei einigen Kindern auf Zustimmung. Es gibt aber auch Gegenstimmen von Kindern und auch die Erzieherin will die Kaugummis nicht komplett verbieten. Nach einigem Hin und Her entwickeln die Kinder die Idee, dass Kaugummis in Zukunft nur noch draußen gegessen werden dürfen. Dort können sie immer gleich in den Abfall geworfen werden und wenn alle rausgehen, kann jedes Kind ein Kaugummi bekommen. So ist die Verteilung gerecht, finden die Kinder. Bei der anschließenden Abstimmung zeigt sich, dass alle sich mit dieser Lösung anfreunden können: Es gibt keine Gegenstimmen oder Enthaltungen.

Aber schon einige Tage später ist das Thema erneut aktuell, denn am Vormittag hat die Erzieherin im Gruppenraum ein Kaugummi im Mund. Marco spricht sie direkt darauf an, die Erzieherin entschuldigt sich und wirft das Kaugummi sofort in den Müll. Damit ist das Thema aber nicht vergessen! Im nächsten Stuhlkreis bringen die Kinder das Kaugummikauen wieder mit ein. Schnell wird klar: Nur im Außenbereich Kau-

gummi kauen zu dürfen ist keine von allen getragene Lösung mehr, weil die Kinder bei schlechtem Wetter nicht so oft draußen sind. Tamara hat die Idee, dass es eine Person geben muss, die die Kaugummis gerecht verteilt und aufpasst – einen Kaugummi-Chef!
Die Erzieherin schlägt daraufhin vor, einen Kaugummi-Chef zu wählen. Zuvor muss noch geklärt werden, welche Aufgaben dieser hat und was man dafür können muss. „Da muss man zählen können, damit man weiß, wie viele Kaugummis jeder hat!", findet Marco. Die Kinder entwickeln die Idee, dass der Kaugummi-Chef eine Liste haben muss, auf der jeden Tag aufgeschrieben wird, welches Kind schon Kaugummi hatte. Er bräuchte aber nicht danach zu schauen, ob irgendwo ein Kaugummi klebt, darauf wollten alle gemeinsam achten. Auch die Frage nach der Amtszeit wird geregelt. Der Kaugummi-Chef soll jede Woche neu gewählt werden, darüber sind sich alle Kinder einig. Die Frage, wie viele Kaugummis jedes Kind am Tag bekommen soll, wird dann noch heiß diskutiert. Den Vorschlag von Marco, dass jedes Kind zehn Kaugummis bekommen soll, finden viele Kinder toll. Also wird gemeinsam verabredet, dass die Erwachsenen bis zum nächsten Tag einen Vorrat an Kaugummis kaufen sollen, der bis zum Ende der Woche reicht.

Und wie ging es weiter mit dem Kaugummi-Chef?

Am nächsten Tag saßen die Kinder vor einem riesigen Haufen Kaugummis. Die Erzieherin berichtete, dass nun das Geld aus der Frühstückskasse für diese Woche fast alle sei. „So viele Kaugummis sind toll!", fand Lasse. „Nur Kaugummis und kein anderes Frühstück, das geht nicht, davon bekommt man bestimmt Bauchschmerzen", gab ein anderes Kind zu bedenken. Nach längerem Hin und Her beschloss die Mehrheit der Kinder und Erwachsenen, dass es in Zukunft ein Kaugummi pro Tag für jedes Kind geben sollte. Jetzt wurde noch besprochen, wie die Liste des Kaugummi-Chefs aussehen sollte. Gemeinsam wurde eine beschreibbare Magnetwand besorgt und für alle sichtbar aufgestellt.
Die erste, in geheimer Wahl gewählte Kaugummi-Chefin wurde Tamara. Ihre erste Amtshandlung war es, die Namen aller Kinder auf die Magnetwand zu schreiben. Die Kinder schrieben ihr dafür ihre Namen vor oder Tamara malte die Symbole der Garderobenhaken ab. Auch in den nächsten Wochen beschäftigten sich die Kinder immer wieder mit dem Amt des Kaugummi-Chefs und dem Erstellen von Listen.
Es tauchten neue Fragen auf, die gemeinsam gelöst werden mussten. Das Problem, dass Kaugummis im Gruppenraum klebten, kam allerdings nicht mehr vor. (Vgl. Schubert-Suffrian 2009.)

4.2 Beobachtung und Dokumentation im Dialog mit Kindern – Der Lernstern

Kinder lernen und bilden sich, indem sie sich aktiv mit ihrer dinglichen Umgebung, mit sich selbst und mit anderen Menschen auseinandersetzen. Dabei nehmen sie wahr, fühlen, interpretieren und schlussfolgern aus ihren eigenen Lebens- und Sinnzusammenhängen heraus. Sie eignen sich ihre Lebenswelt mit ihrem jeweils eigenen Zugang, ihren eigenen Möglichkeiten an. Deshalb müssen pädagogische Fachkräfte ihren Blick ganz besonders auf die Aktivität und Individualität jedes einzelnen Kindes richten.

Grundsätzliches zur Beobachtung und Dokumentation in Kitas

Entwicklungsdokumentation sollte die Stärken und Fähigkeiten des Kindes hervorheben

Beobachten und Dokumentieren gehören zum Selbstverständnis der Kita-Arbeit. Gerade in den letzten Jahren nimmt dieses Thema immer mehr an Bedeutung zu. Beobachtungs- und Dokumentationsverfahren, die Kinder in Entwicklungsskalen einordnen, ihre Leistungen messen und vergleichen, werden schrittweise ergänzt von Verfahren, die die Bildungsthemen der Kinder in den Blick nehmen (vgl. Regner/Schubert-Suffrian 2009a, S. 12 ff.). In vielen Einrichtungen hat der Blick auf das, was Kinder können, was sie interessiert und wie sie sich bilden, die Defizit-Sichtweise von Mess- und Vergleichswerkzeugen abgelöst.

Warum Beteiligung auch beim Beobachten und Dokumentieren?

Kinder vermitteln anderen ihre Zugänge zur Welt nicht in erster Linie über Sprache. Vieles kann man nur an ihrem „Tun" und Verhalten ablesen. Dieses Verhalten in den Blick zu nehmen und sich darüber mit den Kindern in einer fragenden Haltung zu verständigen ist eine Grundlage für die gemeinsame Aushandlung in Beteiligungsprozessen. Partizipation beschränkt sich nicht nur darauf, Meinungen und Interessen von Kindern abzufragen, sondern macht es auch erforderlich, Bedürfnisse und Ideen, die nicht sprachlich geäußert werden, wahrzunehmen.

Im täglichen Alltag ist die Gefahr, aus Erwachsenensicht zu interpretieren und schon zu „wissen", was das Verhalten des Kinders bedeutet, sehr groß. Es gilt allerdings, den Blick darauf zu lenken, welche Bedeutung das, was Kinder tun, für sie selbst hat. Dies kann nur im Dialog geschehen, indem sich die pädagogische Fachkraft mit dem Kind über dessen individuellen Kontext austauscht.

In einer partizipativen Pädagogik geht es auch immer darum, Kindern die Möglichkeit zu geben, bewusst wahrzunehmen, dass sie sich entwickeln, Fähigkeiten ausbilden und selbst einen entscheidenden Anteil an dieser eigenen Entwicklung haben. Das Bewusstsein über die eigenen Stärken, Fähigkeiten und auch Schwächen ermöglicht es den Kindern, ihre Bedürfnisse wahrzunehmen und auszudrücken. So haben sie in Beteiligungsprozessen Möglichkeiten, sich selbst zu vertreten und ihre Sichtweise einzubringen.

Dies macht es erforderlich, dass Beobachtungsformen gewählt werden, die Kinder beteiligen und ihnen einen Blick auf ihre eigenen Fähigkeiten und ihre Entwicklung ermöglichen. Die Arbeit mit dem Portfolio oder dem Bildungsbuch, die als Dokumentation des Kindes in erster Linie für es selbst und nicht als Dokumentation der pädagogischen Arbeit zu verstehen ist, bietet hier vielfältige Möglichkeiten.

Partizipative Haltung in der Beobachtung und Dokumentation

Nur wer Kindern mit einer fragenden Haltung gegenübertritt, kann sie unvoreingenommen wahrnehmen

Eine beteiligende Haltung erfordert es, den Kindern Mitwisserrechte zuzugestehen. „Wenn bei Beobachtungen der Blick auf die Kinder als Experten ihrer selbst gerichtet wird, ist es aber nicht nur wichtig, sich für die Sichtweise der Kinder, für die Logik ihres Handelns, Denkens und Fühlens zu interessieren und Bedingungen zu schaffen, dass Kinder ihre eigenen Beobachtungen, Erfahrungen und Schlussfolgerungen ausdrücken und austauschen können. Es ist auch von großer Bedeutung, Kinder mit der Sichtweise zu konfrontieren, die der beobachtende Erwachsene gewonnen hat. Das heißt konkret, die Kinder wissen zu lassen, was man beim Beobachten entdeckt hat [...] Kinder zu beteiligen heißt, sie wissen zu lassen, welches Bild man sich macht, welche Fragen man aufwirft." (Kazemi-Veisari 2004, S. 69.)

Um mit Kindern Aushandlungsprozesse auf gleicher Augenhöhe zu gestalten, ist es notwendig, dass pädagogische Fachkräfte ihre inneren Bilder, ihre subjektive Wahrnehmung über und von den Kindern überprüfen und zur Disposition stellen. Denn diese Bilder sind (unbewusste) Grundlage des pädagogischen Handelns und wirken immer auf die Kinder zurück. Die Kinder „spüren, was über sie gedacht wird, was (eigentlich?) von ihnen gewollt wird. Bilder bleiben nicht im Kopf des Beobachters, sondern drücken sich aus, über seine Mimik, Zuwendung, Bewegung, Sprache. Bilder wirken, ob gewollt oder nicht." (Kazemi-Veisari 2006, S. 23.)

Gerade eine Beobachtung, die die Beteiligung von Kindern ermöglichen soll, braucht eine fragende Haltung und keine festschreibenden Feststellungen von

Seiten der Erwachsenen. Den „Mustern“, Lebenswirklichkeiten und Themen der Kinder näherzukommen, gelingt nur im Austausch *mit* den Kindern.

Beobachtung im Dialog

Neuere Verfahren wie zum Beispiel die Portfolioarbeit oder die von der GEW erarbeitete Methode „Bildungsbuch“ beziehen die Kinder gezielt in die Beobachtung und Dokumentation mit ein. Sie verstehen das Lernen und die Bildungswege des einzelnen Kindes als Ausdruck der individuellen Persönlichkeit. Beobachtungen, die die Perspektiven der Kinder aufgreifen, und der dialogische Austausch mit den Kindern stehen hier im Vordergrund.

Partizipatives Beobachten und Dokumentieren ist nicht mehr nur eine Tätigkeit, die die pädagogische Fachkraft im Stillen durchführt, sondern wird zu einem dialogischen Prozess mit dem einzelnen Kind. Beobachtungen im Dialog werden nicht „am Kind durchgeführt“, sondern sind eine Form des Austausches mit dem Kind.

Kinder beobachten und dokumentieren ihre eigenen Lernziele

Um die Selbstbildungsprozesse der Kinder zu begleiten und Beobachtungen zum Ausgangspunkt von Partizipationsprozessen zu machen, brauchen wir als pädagogische Fachkräfte Handwerkszeug, das die Interessen und Themen der Kinder in den Blick nimmt. Handwerkszeug und Verfahren, die die Kinder konsequent beteiligen und ihnen damit Möglichkeiten eröffnen, sich selbst als aktive Lernende zu erleben. Verfahren, die die Kinder dazu ermutigen, den Erwerb von Fähigkeiten selbst in die Hand zu nehmen. Eine dieser Möglichkeiten ist die Zeichnung eines „Lernsterns“, die im Folgenden dargestellt wird.

Dieses Lernstern-Verfahren erweitert das Spektrum der Beobachtungsmöglichkeiten. Hier beobachten nicht in erster Linie die Erwachsenen und tauschen sich im Nachhinein mit den Kindern über Motive und Hintergründe aus, sondern die Kinder haben die Möglichkeit, sich selbst, ihre Themen, Kompetenzen und Interessen bewusst wahrzunehmen. Dabei ist das Kind „Bestimmer“ des Verfahrens. Die pädagogische Fachkraft bleibt im Hintergrund und bietet sich gegebenenfalls zum Dialog an.

▸▸ Fallbeispiel:
Formulieren selbstgesteckter Ziele mit Hilfe eines Lernsterns

Der sechsjährige Yuma hat sich auf die Hochebene in seiner Gruppe zurückgezogen. Er will einen neuen „Lernstern“ zeichnen. „Hier kann ich gut nachdenken“, erklärt er. Schon beginnt er, die ersten Zacken auf das Papier zu zeichnen. „Ich male, was ich

■ Yuma überlegt angestrengt, was er in nächster Zeit so schaffen will.

noch lernen will, bis ich zur Schule komme! Das ist bald. Mama sagt, nach den Ferien." Yuma hat inzwischen mit Filzstiften einen großen Stern auf das Blatt gemalt. „Jetzt muss ich überlegen! Also, Fußballspielen will ich nur noch ein bisschen lernen, das kann ich schon ganz gut. Nur so mit dem Ball immer wieder auf den Fuß hüpfen, das kann ich noch nicht richtig." Nach dieser Erklärung zeichnet Yuma einen kleinen Fußballspieler an die Spitze einer Zacke. „Weil ich das schon gut kann, male ich ganz viel an, bis fast alles." – „Das was ich noch nicht gut kann, ist ganz klein." Yuma zeigt auf die nächste Zacke, dort hat er ein Männchen als Seilspringer gezeichnet. „Das kann ich nur ein bisschen. Ich will zu so nem Satz ‚Verliebt, verlobt, verheiratet' oder so springen, ganz bis zum Ende. Das ist ganz schön schwer!"

Nach und nach zeichnet er dabei die Zacken seines Sternes aus und erläutert, dass er schon ganz gut Inliner fahren kann und noch ein bisschen Skateboard fahren lernen möchte. „Dass sich das Skateboard so dreht." Singen möchte er auch noch lernen. Genau wie das Reiten und dabei im Sattel zu stehen. Zum Schluss berichtet er noch, dass er ganz gut Breakdance kann. „Nur so auf dem Kopf, das kann ich noch nicht!"

Yuma begegnet der Welt als selbstbewusster Lernender. Er berichtet sicher von seinem Können und seinen Zielen. Dabei hat er eine Idee davon, wie er seine Ziele Schritt für Schritt erreichen kann. Dieser Lernstern verrät eine ganze Menge über die momentanen Bildungsthemen von Yuma.

Der Lernstern, mit dem sich Yuma und andere Kinder der Kita Lotte Lemke in Halstenbek auseinandersetzen, ist nach einer Idee von Fridolin Sickinger entstanden. Eine Arbeitsgruppe, die sich intensiv mit der Beobachtung im Dialog mit den Kindern auseinandersetzt, hat die Idee aufgegriffen und gemeinsam mit Kindern weiterentwickelt. Viele Ideen kamen dabei auch von den Kindern. So verlängerten sie einzelne Zacken ihres Sterns, wenn sie erweiterte Ziele erreichen wollten. „Ich will beim Fußball auch noch lernen, mit dem Kopf zu schießen. Das kann ich noch nicht!", erklärt z. B. Yuma einige Tage später.

„Die Idee des Lernsterns ging sofort wie ein Lauffeuer durch die Kita. Wir mussten gleich einen Lernstern-Tisch einrichten", berichtete die Leitung der Kita, Claudia Baumann. „Die Kinder setzen sich intensiv mit ihren Zielen auseinander. Besonders erstaunlich für uns war, dass die Kinder sich zum Teil über

Wochen hartnäckig mit dem Erreichen ihrer Ziele beschäftigen und immer wieder jeden Teilschritt auf ihren Lernsternen dokumentieren."

Der Lernstern – Eine Methode, um lebenslanges Lernen zu lernen

Selbstbildung findet immer auch im Austausch mit anderen Kindern statt

Der Lernstern ermöglicht den Kindern ein bewusstes Wahrnehmen ihrer eigenen Lernziele. Sie erleben, dass sie individuelle Ziele haben und diese in Teilschritten erreichen können. Damit ist die Methode des Lernsterns eine konsequente Weiterentwicklung der Beobachtungsverfahren, die die Beobachtung und das Dokumentieren im Dialog mit den Kindern ermöglichen. Hier dokumentieren nicht die Erwachsenen das Verhalten der Kinder und interpretieren es, sondern mit Hilfe des Lernsterns beobachten die Kinder sich und ihre Lernfortschritte selbst. Dabei bleibt auch die Interpretation den Kindern überlassen. Die Kinder dokumentieren erst einmal für sich und treten dann meist in den Kontakt mit den Erwachsenen. Die pädagogischen Fachkräfte erfahren im Gespräch mit den Kindern viel über die lernmethodischen Kompetenzen und die individuellen Aneignungsstrategien der Kinder. Grundvoraussetzung für das Gelingen ist eine nicht-direktive Haltung der Erwachsenen. Ihr Zutrauen in die Kinder und ihre Bereitschaft sich zurückzunehmen, zu beobachten und nicht zu bewerten, bildet die Basis für das Entstehen von Lernsternen, die die Bedürfnisse und Ziele der Kinder abbilden. Es gilt auf Seiten der Erwachsenen, sich neugierig und mit einer fragenden Haltung auf diesen Prozess einzulassen.

PRAXISTIPP FÜR ERZIEHER/INNEN

Sie können Kindern das Anfertigen von Lernsternen am leichtesten nahebringen, wenn Sie in ihrem Beisein Ihren eigenen Lernstern zeichnen und dabei jeden Ihrer Schritte genau kommentieren. Oft bedarf es dann überhaupt keiner ausdrücklichen Aufforderung mehr, sondern die Kindern laufen sofort von selbst los, um sich Papier und Stifte zu holen und ihren Stern zu entwickeln.

In der Praxis lässt sich beobachten, dass sich die Kinder intensiv untereinander über ihre Lernziele austauschen. Sie besprechen ihre individuellen Ziele, beraten sich gegenseitig, übernehmen dabei zum Teil Lerninhalte oder Methoden und finden sich zu Lerngemeinschaften zusammen. So entstehen im teiloffenen Angebot der Kita durch die Kinder initiiert neue Angebotsgruppen (*„Ich will noch Seilspringen lernen. Wer macht mit?"*). Im Lernstern-Dialog mit dem Erwachsenen erlebt das einzelne Kind, dass seine individuellen Kompetenzen von den pädagogischen Fachkräften (und Eltern/anderen Kindern) wahrge-

nommen, anerkannt und wertgeschätzt werden. So entwickelt sich ein Selbstvertrauen in die eigenen Kompetenzen, das gleichzeitig das Lernen des Kindes unterstützt.
Ziel des Lernsterns ist es, die Lust und Freude jedes Kindes am Lernen und Entdecken eigener Fähigkeiten zu unterstützen und es in seinen individuellen Lernaktivitäten zu bestärken.

Im Team tauschen sich die Kolleginnen anhand von Beobachtungen und von Lernstern-Gesprächen über die derzeitigen Interessen der einzelnen Kinder, ihre individuellen Lernstrategien, ihre Fähigkeiten und Ziele aus. Gemeinsam überlegen die pädagogischen Fachkräfte, inwieweit sie bereits auf die einzelnen Beobachtungen reagiert haben und welche zusätzlichen Anregungen und Möglichkeiten sie den Kindern bieten könnten. Dabei werden auch Anknüpfungsmöglichkeiten zu den Interessen anderer Kinder beachtet. Im Anschluss werden gemeinsam mit den Kindern Ideen für (partizipative) Projekte oder Angebote entwickelt.

Lernsterne stellen dar, wie das einzelne Kind sich selbst sieht, wofür es sich interessiert, welche Ziele es hat und wie es sich neue Kompetenzen aneignet. Daraus können partizipative Projekte entstehen. So malte die fünfjährige Liv ih-

ren Lernstern und erklärte auf Nachfrage ihre persönlichen Lernziele: In ihrem letzten Jahr vor der Schule wollte sie noch lernen, wie Tiere gefangen werden, insbesondere Fliegen, wollte Bäume einpflanzen können, aber auch jonglieren und reiten. Im gemeinsamen Gespräch wurde auch der Wunsch von Liv deutlich, ihr Seilspringen zu verbessern. Die Erzieherin fragte Liv, ob es vielleicht noch andere Kinder in der Kita gebe, die dazu Lust hätten, denn für ein großes Seil werden auch mehrere Menschen benötigt. Daraufhin startete Liv eine Umfrage in der Kita und überzeugte auch noch einige Unschlüssige zum Mitmachen. So entstand ein von den Kindern initiiertes Seilspring-Projekt.

Auch das Lernstern-Thema von Sina („Ich möchte ganz große Kaugummiblasen machen können.") wurde zu einem gemeinsamen Projekt, das viele Kinder begeisterte. „Ich bin da schnell an die Grenzen meiner sprachlichen Fähigkeiten gekommen, wie das beschrieben werden soll", berichtete die Erzieherin. „Da habe ich lieber für den nächsten Tag jede Menge Kaugummis besorgt und alle, die Lust hatten, saßen dann mit mir zusammen. Wir haben versucht, uns gegenseitig zu erklären, wie man möglichst große Blasen macht."

Aus individuellen Lernstern-Themen entstehen oft Projektideen für viele Kinder

Durch den Lernstern ist die Kita zu vielen Projektthemen gekommen, die bislang nicht zum Angebot gehörten, aber an den Interessen der Kinder ansetzen.

DER LERNSTERN – DIE METHODIK

Jedes Kind zeichnet selbst seinen Lernstern. Die Anzahl der Zacken ist dabei variabel und hängt von der Anzahl der individuellen Lernziele ab, die jedes Kind sich selbst setzt. Die Grundfrage des Lernsterns ist: „Was möchte ich bis zu einem bestimmten Zeitpunkt lernen?" Jede Zacke des Lernsterns steht für ein selbstgestecktes Ziel. Die Kinder können ein Symbol des Lernziels an die Zacke des Sterns zeichnen. Die Zacken werden dann vom Kind ausgemalt. Wie weit eine Zacke ausgemalt wird, hängt vom subjektiven Empfinden des Kindes ab, wie weit es bei der Verwirklichung des entsprechenden Ziels schon gekommen ist. Je mehr es kann, desto mehr kann es die Zacke vom Zentrum in Richtung Spitze ausmalen.

Das Lernziel, der Bildungsinhalt und die Methodik werden dabei vom Kind selbst bestimmt und auf den eigenen Entwicklungsstand und die eigene Motivation abgestimmt. Die Ziele können kurz- oder langfristig sein. Dabei ist es wichtig, dass die Erwachsenen den Kindern keine zusätzlichen Ziele vorgeben.

Bei der Einführung des Lernsternes sind von manchen Kindern auch Themen, die eigentlich eher Elternwünsche darstellen, als Zacke mit aufgenommen worden. „Ich soll noch lernen, wie ich still sitze, bevor ich zur Schule komme", beschrieb der fünfjährige Jamir eine Zacke seines Sterns. Im Gespräch mit der Erzieherin wurde deutlich, dass nicht er selbst diesen Wunsch hegte, sondern das Stillsitzen von seiner Mutter als notwendiges Kriterium für den Start in der Schule angesehen wurde. In einem anderen Zacken hatte Jamir den Wunsch gemalt, auf einen Baum klettern zu können. „Und zwar einen ganz großen". Er investierte auf dem Kita-Gelände viel Zeit, um dieses Ziel zu erreichen. Das Ziel stillzusitzen dagegen wurde von ihm nicht weiter verfolgt.

Mit Hilfe der Bildhaftigkeit des Sterns und ihrer eigenen Symbolik haben die Kinder die Möglichkeit, ihre eigene Entwicklung bewusster in den Blick zu nehmen. Sie sehen, dass sie sich entwickeln und eine selbstgesteuerte aktive Rolle dabei haben. Weder eine reine (eventuell defizitorientierte) Beobachtung durch Erwachsene noch eine Beobachtung im Dialog finden im Umgang mit dem Lernstern zwingend statt. Hier beobachtet zunächst nur das Kind sich selbst. Es nimmt dabei bewusster wahr, dass es Kompetenzen hat, die es selbstbestimmt und selbstgesteuert ausbauen kann, und Grenzen, die es überschreitet oder akzeptiert (vgl. Regner/Schubert-Suffrian 2009b).

4.3 Die Beteiligung von Kindern unter drei Jahren

„Geht denn Beteiligung auch bei Kindern unter drei Jahren?" Diese Frage wird häufig zum Thema Partizipation gestellt. Oft dominiert in diesem Bereich die Skepsis. Wie eine Beteiligung bei den Kleinsten funktionieren kann, ist für viele pädagogische Fachkräfte unklar. Vorab: Ja, Beteiligung geht, nur anders! Die oben gestellte Frage ist trotzdem durchaus berechtigt. Sie weist darauf hin, dass es nicht um fertige Konzepte, sondern um individuelle Beteiligungsthemen und Ausdrucksmöglichkeiten gerade für unter Dreijährige geht.

Auf der Basis einer sicheren Bindung zu den Bezugspersonen leisten Kleinkinder ihre Entwicklungsarbeit von Beginn an selbst. Sie eignen sich die Welt selbsttätig und eigenaktiv an. Die Aneignung geschieht dabei dem eigenen Antrieb und der eigenen Persönlichkeit folgend ganz individuell. Auch wenn es Aufgabe der Erwachsenen ist, diese Entwicklung zu begleiten und zu ermöglichen, geht dies bei Kindern unter drei Jahren nicht ohne Selbstbestimmung und somit nicht ohne Partizipation.

Schon früh wollen Kleinkinder ihre Kompetenzen einbringen, teilhaben am gemeinsamen Leben und Verantwortung übernehmen. Für den Säugling steht zunächst die Befriedigung seiner Bedürfnisse nach Nahrung, Schlaf, Sauberkeit und Geborgenheit im Mittelpunkt. Aber auch in diesem Alter spielen Selbstbestimmung und Mitbestimmung meist im Zusammenspiel mit den unmittelbaren Betreuungspersonen eine Rolle.

Das wie auch immer geäußerte deutliche „Will alleine!“ macht den Selbstgestaltungsanspruch des Kleinkindes deutlich. Das Kind zeigt dadurch sein eigenes Wollen und Können, seine eigene Aktivität. Den eigenen Willen, die eigene Handlungsfähigkeit zu erkunden, ist Voraussetzung und gleichzeitig auch Antriebsfeder für immer neue Aneignungsprozesse. Diese Motivation des Kindes, sich zu beteiligen, etwas gestalten zu wollen, gilt es zu unterstützen und zu fördern.

Eine gleichwürdige Beziehung mit dem Kleinkind gestalten

Kleinstkinder teilen ihre Bedürfnisse vorwiegend wortlos mit

In seiner Welterkundung ist das Kleinkind auf die Begleitung des Erwachsenen angewiesen. Eine partizipative Grundhaltung, die das kindliche Autonomiebestreben mit Achtung und Akzeptanz unterstützt und das Kind selbst als gleichwürdigen Partner akzeptiert (s. hierzu die Definition des Begriffs „Gleichwürdigkeit“ auf S. 87), ist eine entscheidende Voraussetzung für die Entwicklung eines positiven Selbstbilds. Doch wie kann eine Beteiligung in der Praxis aussehen, wo die Kinder in diesem Alter doch nur wenig sprechen können? Kleinkinder nutzen eine andere Art der Kommunikation, die eine zusätzliche Herausforderung für die Erzieherin darstellt, denn der partizipative Umgang mit Kleinkindern ist oft gekennzeichnet durch einen „wortlosen“ Aushandlungsprozess zwischen den Bedürfnissen des Erwachsenen und denen des Kindes. Die Grundlage für diese Form der Aushandlung ist, dass die pädagogische Fachkraft das Kind sehr genau beobachtet und ihr Verhalten immer wieder in Beziehung zur seiner Reaktion setzt.

▸▸ Fallbeispiel: Beteiligung eines Kleinkindes beim Wickeln

Hannah (7 Monate alt) liegt bäuchlings auf einer Spieldecke am Boden und hat ein „Schaukelmännchen“ zwischen den Händen. Sie hält es fest und nimmt es immer wieder in den Mund. Die Krippenerzieherin möchte Hannah vor dem Mittagessen noch einmal wickeln. Sie spricht Hannah an, um ihre Aufmerksamkeit zu erlangen, und hockt sich gleichzeitig vor die Decke auf den Boden, so dass Hannah sie sehen kann. „Na, Hannah. Wie wäre es mit einer neuen Windel?“ Hannah sieht die Erzieherin an. Sie strampelt mit Armen und Beinen und dreht sich auf den Rücken. Die Erzie-

herin bleibt in Hannahs Sichtbereich, beugt sich vor und streckt Hannah ihre Arme entgegen, ohne sie jedoch gleich hochzunehmen. Erst als Hannah der Erzieherin ihre Arme entgegenstreckt und sie freudig anlächelt, nimmt die Erzieherin sie hoch.
Auf der Wickelunterlage wartet die Erzieherin wieder, bis Hannah ihr den Blick zuwendet. Sie gestaltet das Wickeln gemeinsam mit Hannah, indem sie beim Ausziehen die Bewegung und den Rhythmus des Säuglings aufnimmt. Hannah wird nicht einfach gewickelt, sie ist mit voller Aufmerksamkeit beteiligt. Beide Personen gestalten im gegenseitigen Einvernehmen den Prozess. Zum Beispiel hält die Erzieherin Hannah nur den Ärmel des T-Shirts hin und Hannah schiebt ihren Arm selbst in das Kleidungsstück.

Auch Kinder unter drei sollten als gleichwürdige Partner angesehen werden

Die Erzieherin macht Hannah nicht zum Objekt fürsorglicher Betreuung, sondern sie geht auf ihre Bedürfnisse ein. Dieser feinfühlige Umgang mit Hannah und die Bereitschaft der Erzieherin, ihre Bedürfnisse ernst zu nehmen, mit ihr zu kooperieren, prägen das Verhältnis zwischen Hannah und der Erzieherin als Bezugsperson. Die so entstehende sichere Bindung ermöglicht es Hannah, die Welt der Kita nach und nach zu erforschen. Die partizipative Haltung der Erzieherin unterstützt Hannahs Entwicklung damit deutlich und trägt zur Aneignung von neuen Kompetenzen bei.

Oft stößt dieser Umgang mit den Kleinsten auf Erstaunen. Befürchtungen, dass die Prozesse zu lange dauern könnten, manche Kinder sich dann nie wickeln lassen würden, oder auch die Befürchtung, dass das Kind die Handlungen des Erwachsenen bestimmt, sorgen immer wieder für Unbehagen bei Erzieherinnen. Es geht nicht um eine Rollenverschiebung, sondern um den behutsamen Versuch, miteinander zu kommunizieren. Dass diese Art des Umgangs funktionieren kann, ist immer wieder ausprobiert und wissenschaftlich untersucht worden. Die Pädagogik nach Emmi Pikler (vgl. Pikler/Tardos 2010) beispielsweise basiert zu einem Teil auf diesem eben geschilderten Grundverständnis des Miteinanders.

Zum Weiterlesen: Gonzales-Mena/Widmeyer 2008.

Kleinkinder stimmen ab

Die tägliche Kita-Praxis macht deutlich, dass Beobachtungen über das Verhalten und Reagieren der Kleinkinder zur Grundlage von Entscheidungen gemacht werden können. Dabei geht es darum, Kleinkindern Möglichkeiten zur Entscheidung anzubieten und dann an ihrer Reaktion eine „Stimmabgabe" abzulesen.
So wurden beispielsweise Krippenkinder an der Raumgestaltung beteiligt, indem große Kartons von innen mit verschiedenen Farben ausgemalt wurden. Die

Erzieherinnen beobachteten in der Folgezeit, welche Kartons von den Kindern besonders häufig und lange zum Verweilen und Spielen genutzt wurden und bestimmten so die Farbe einer Ecke im Gruppenraum.

Wichtig bei dieser Form der Beteiligung ist auch hier, eine ausgewogene Mischung zwischen Struktur und individueller Freiheit für die Kinder zu schaffen. Dies wird von der pädagogischen Fachkraft unterstützt durch klare, eindeutige, nachvollziehbare Strukturen, die mit verständlichen Begründungen gekoppelt sind.

■ Mit entsprechender Hilfestellung können auch die Kleinsten in der Kita bereits mitentscheiden

Auch kleinere Kinder können dabei schon zwischen mehreren Angeboten wählen. So ließen die Mitarbeiterinnen einer Krippe die Kinder regelmäßig über verschiedene Dinge, die den Tagesablauf, aber auch Anschaffungen betrafen, mitbestimmen. Vor der Anschaffung von Spielmaterial wurde eine Auswahl im Krippenraum verteilt und beobachtet, zu welchen Spielgeräten die Kinder krabbelten. Die beliebtesten wurden daraufhin gekauft.

Die methodischen Zugänge sind dabei so weit wie möglich auf die individuelle Entwicklung der Kinder zugeschnitten. Dies gelingt nicht immer mit dem ersten Versuch. So brachten laminierte DIN-A4-große Bilder verschiedener Früchteoptionen für den Nachtisch bei den Kindern nicht den gewünschten Abstimmungserfolg. Zum einen hatten die Kinder wahrscheinlich mit der Zweidimensionalität der Fotos Probleme, zum anderen war es für sie schwierig die immer gleich groß abgebildeten Früchte, sei es nun eine Melone, eine Banane oder eine Erdbeere, auf den Fotos zu unterscheiden. Auch ein Erfahren über die Sinne, wie zum Beispiel das Schmecken, Riechen und Fühlen war bei diesem Prozess nicht möglich. Durch das Hinstellen von Probierschälchen mit den einzelnen Früchten konnte im zweiten Versuch schnell eine Abstimmung der Kinder ermöglicht werden.

Mit zunehmenden sprachlichen und motorischen Fähigkeiten können Kleinkinder ihre Bedürfnisse immer direkter äußern. Damit werden komplexere Aushandlungsprozesse, die auch das Leben der Gemeinschaft betreffen, möglich.

Das Erlebnis der aktiven Teilhabe und Mitgestaltung versetzt die Kinder nach und nach in die Lage, zunehmend Verantwortung für die Gestaltung der eigenen Lebenssituation zu übernehmen. Dieses Zutrauen und das damit verbundene Verantwortungsgefühl tragen schon bei unter Dreijährigen entscheidend zur Stärkung des Selbstvertrauens bei.

5

KAPITEL 5

Die Auseinandersetzung der Erwachsenen – Partizipation verändert ein Team

In diesem Kapitel erfahren Sie …

- wie ein Team partizipative Strukturen implementieren kann,
- wie ein Team den Einigungsprozess gestalten kann,
- welche Rolle Leitung und Träger bei der Erarbeitung und Umsetzung von Beteiligungsstrukturen haben,
- wie Partizipationsprozesse das berufliche Selbstverständnis und die pädagogische Arbeit verändern.

5.1 Partizipationsprozesse in der Kita implementieren

Die pädagogischen Fachkräfte sind der „Dreh- und Angelpunkt", um Partizipationsprozesse in den Alltag der Kindertagesstätte zu implementieren. Sie bestimmen maßgeblich, ob und wie partizipative Strukturen im Umgang mit den Kindern eingeführt und gelebt werden.

In den meisten Einrichtungen gibt es bereits Ansätze, Kinder an der Gestaltung des Zusammenlebens zu beteiligen. Diese Beteiligungsmöglichkeiten sind aber häufig von der individuellen Beurteilung und der Stimmungslage der einzelnen Fachkraft abhängig. Um die Beteiligung der Kinder in der Praxis sicher zu verankern, ist es aber notwendig, den Kindern verlässliche Mitbestimmungsrechte zuzugestehen. Dies ist ein schwieriger Schritt, denn er erfordert von pädagogischen Fachkräften, sich auf Veränderungen und neue Wege einzulassen, ohne vorher genau zu wissen, wie sich dieser Prozess entwickeln wird. Sie brauchen die Bereitschaft, Gewohnheiten zu überdenken und Einblicke (von Teamkolleginnen und Eltern) in das eigene pädagogische Handeln zu gewähren.

Um partizipative Strukturen in der Kita zu verankern, sind unterschiedliche Teilschritte zu erarbeiten:

WICHTIGES IM ÜBERBLICK

ACHT SCHRITTE ZUR VERANKERUNG PARTIZIPATIVER STRUKTUREN IN DER KITA

1. Annäherung an das Thema Partizipation in Kitas
2. Partizipationswissen erwerben
3. Umsetzungsmöglichkeiten diskutieren
4. Rechte der Kinder diskutieren
5. Eltern beteiligen
6. Partizipative Strukturen entwickeln
7. Gemeinsam Methoden erarbeiten und erweitern
8. Prozesse reflektieren

1) Annäherung an das Thema Partizipation in Kitas

Das Thema Beteiligung löst bei pädagogischen Fachkräften ganz unterschiedliche Reaktionen aus. Das Spektrum reicht manchmal von klarer Ablehnung über

Skepsis bis zur Begeisterung. Dabei spielen unterschiedliche persönliche Beweggründe und Erfahrungen eine Rolle. Fast immer sind auch starke Emotionen mit im Spiel. In einer ersten Annäherung an das Thema geht es darum zu klären, was die einzelnen Teammitglieder unter Beteiligung verstehen und welche Erwartungen oder Befürchtungen sie mit dem Thema verbinden.

2) Partizipationswissen erwerben

Im zweiten Schritt ist zu klären, welche Bedeutung Partizipation im Zusammenhang mit Kita-Pädagogik hat. Wie wird Partizipation definiert? Was hat Partizipation mit Bildung und Demokratie zu tun? Wozu sollen/wollen wir Kinder beteiligen? Welche rechtlichen Grundlagen gibt es? Mit diesen Fragen ist der Erwerb von Partizipationswissen verbunden. Ihre Beantwortung bildet gleichzeitig die Grundlage für die Meinungsbildung der pädagogischen Fachkräfte. Sicherlich geht es an dieser Stelle nicht darum, sich im Team umfassende wissenschaftliche Kenntnisse über Partizipation zu erarbeiten, sondern vielmehr um eine grundsätzliche Auseinandersetzung über die Ziele und Hintergründe von Partizipationsprozessen in Kindertagesstätten.

Ein Basiswissen über Partizipation hilft bei der Einführung von Beteiligungsprozessen

3) Umsetzungsmöglichkeiten diskutieren

In diesem Teilschritt stehen die unterschiedlichen Umsetzungswege von Beteiligungsprozessen im Vordergrund. Sollen die Partizipationsstrukturen mit Hilfe von Partizipationsprojekten eingeführt werden oder sollen die Rechte der Kinder in der Kita bereits langfristig in Form von Gruppenregeln oder einer Kita-Verfassung festgeschrieben werden? Beide Wege sind als Einstieg möglich. Die Praxis zeigt jedoch, dass in Einrichtungen, die noch wenig Erfahrung in der Beteiligung von Kindern haben, der Einstieg mit einer projektorientierten Form hilfreich ist. In dieser Form können pädagogische Fachkräfte und Kinder zunächst Erfahrungen sammeln, bevor die Rechte verbindlich und längerfristig festgeschrieben werden (vgl. auch Kapitel 2.3, S. 33 ff.).

4) Rechte der Kinder diskutieren

Konkreter wird das Thema Partizipation für die pädagogischen Fachkräfte, wenn darüber diskutiert wird, welche Beteiligungsrechte den Kindern in der eigenen Einrichtung zugestanden werden sollen. Hier liegen die Meinungen manchmal weit auseinander. Dabei geht es nicht um „richtig“ oder „falsch“ sondern darum, sichtbar (und hörbar) zu machen, welche Überzeugungen oder Zweifel hinter den Aussagen der einzelnen Teammitglieder stehen.

Um die Diskussion im Team einzuleiten, könnten z. B. die folgenden Aussagesätze über Partizipationsprozesse im Team erörtert werden. Dabei kann jeder/jede für sich entscheiden. Auch hier geht es nicht um richtig oder falsch, sondern darum, im Austausch mit den anderen den eigenen Standpunkt zu hinterfragen und dabei die Meinungen der Kolleginnen und Kollegen wahrzunehmen.

Ist das für mich ein Partizipationsprozess?

In einer Kita darf jedes Kind allein entscheiden, ob es Luftballon-, Käseschachtel- oder Falt-Laternen basteln möchte.	❑ ja ❑ eher ja ❑ eher nein ❑ nein
Beim gemeinsamen Mittagessen in einer Kita dürfen die Kinder sich selbst nehmen und bestimmen, wie viel sie essen. Jedes Kind wird angehalten, alle Nahrungsmittel wenigstens zu probieren. Die Erzieherin macht den Kindern dafür kleine „Probierkleckse" auf den Teller.	❑ ja ❑ eher ja ❑ eher nein ❑ nein
Das Team einer Kindertagesstätte findet keinen Konsens bei der Entscheidung über 300 Euro zur Neuanschaffung von Psychomotorikmaterial. Nach längerer Diskussion entscheidet die Leiterin, dass eine Sprossenwand gekauft wird.	❑ ja ❑ eher ja ❑ eher nein ❑ nein

In größeren Teams ist es sinnvoll, die Aussagen zuerst in einer Kleingruppe zu diskutieren und sich danach im Gesamtteam auszutauschen. Ziel der Diskussion ist es nicht, einen Konsens in der Gruppe/im Team zu finden, sondern die Argumente der Kolleginnen zu hören und den eigenen Standpunkt zu überdenken.

Grundlage für eine verlässliche Beteiligung der Kinder ist, einen Konsens im Team über ihre Rechte zu erreichen und dafür gemeinsam Strukturen festzulegen. Nur wenn alle beteiligten pädagogischen Fachkräfte sich gemeinsam für den Prozess verantwortlich fühlen und den Entscheidungsrechten sowie den Umsetzungsschritten zustimmen, kann eine tragfähige Partizipationskultur entwickelt werden. Eine Haltung, die die Beteiligung der Kinder an der Gestaltung des Kita-Alltags verankert, kann nicht erzwungen oder angeordnet werden.

Für die Beteiligungsrechte der Kinder gibt es auch keine fertige Konzeptvorlage, die passgenau auf jede Kita übertragen werden kann. Jedes Team muss für sich selbst klären, welche Beteiligungsrechte es den Kindern der eigenen Einrichtung zugestehen möchte. Im Anschluss an den Klärungsprozess ist es erforderlich, die Ergebnisse zu verschriftlichen und ggf. von allen Beteiligten unterschreiben zu lassen. (Vgl. auch: Regner/Schubert-Suffrain/Saggau 2009, S. 8 ff.)

5) Eltern beteiligen

Der Beteiligung der Eltern kommt ein hoher Stellenwert zu (siehe Kapitel 6, S. 113 ff.). Die Frage, zu welchem Zeitpunkt die Eltern ins Boot geholt werden, wird in vielen Einrichtungen kontrovers diskutiert. Wenn den Kindern in der Einrichtung Beteiligungsrechte zugestanden werden, hat das allerdings immer auch Einfluss auf die Familien. Um die Kinder nicht in einen Loyalitätskonflikt zwischen der Kindertagesstätte und dem Elternhaus geraten zu lassen, sollten die Eltern deshalb so früh wie möglich in den Prozess eingebunden werden.

Kinder dürfen nicht in einen Loyalitätskonflikt zwischen Kita und Elternhaus gebracht werden

6) Partizipative Strukturen entwickeln

Wenn Kinder ihre Beteiligungsrechte nutzen sollen, brauchen sie eine klare, verbindliche und transparente Struktur. Die Form der Entscheidungsfindung in Gruppen oder Gremien ist für viele Kinder neu. Sie brauchen die Möglichkeit, Erfahrungen mit unterschiedlichen Formen von Beteiligungsgremien zu machen (siehe Kapitel 2.5, S. 53 ff.). Das Team sollte sich fragen: Brauchen wir Gremien und Delegierte? Welche Möglichkeiten der Gremienarbeit gibt es und welche Form eignet sich für unsere Einrichtung? Diese Fragen gilt es in diesem Schritt zu klären. Damit Gremien und Strukturen für alle Beteiligten (Kinder, Eltern, Fachkräfte) durchschaubar und nachvollziehbar sind, kommt der Information aller Beteiligten ein hoher Stellenwert zu. Wie erfahren die Kinder von einer Ausschusssitzung oder den Terminen der Delegiertenversammlung? Wie werden die Ergebnisse der Treffen dokumentiert und der Kita-Allgemeinheit zugänglich gemacht? Welche Möglichkeiten haben alle Kinder, bestimmte Anliegen auf die Tagesordnung eines Entscheidungsgremiums zu setzen?

7) Gemeinsam Methoden erarbeiten und erweitern

Um die Kinder im Beteiligungsprozess umfassend begleiten zu können, brauchen pädagogische Fachkräfte methodische Kompetenzen. Wie führe ich die Beteiligungsrechte mit den Kindern ein? Wie kann ich die Kinder abstimmen lassen, ohne dass sich alle nach dem „Anführer“ richten? Welche Möglichkeiten des Protokollierens gibt es? usw. Für diese und ähnliche Fragestellungen gilt es, methodisches Handwerkszeug zu entwickeln.

8) Prozesse reflektieren

Kinder an der Gestaltung des Zusammenlebens zu beteiligen, erfordert eine hohe Reflexionsfähigkeit, auch weil Partizipationsprozesse nicht immer ohne Stolpersteine verlaufen. Diese, aber auch das, was gut gelaufen ist, in den Blick zu nehmen, trägt entscheidend zur Erweiterung des methodischen Handwerkszeugs bei.

5.2 Ein neues Selbstverständnis

Für jede einzelne Fachkraft bedeutet die verlässliche Beteiligung der Kinder auch einen Perspektivwechsel und manchmal die Veränderung der eigenen pädagogischen Rolle. Eine Erzieherin, die sich zuvor als „Macherin", „Beschäftigterin", „Beurteilerin" und „Richterin" verstand, wird nun zur Begleiterin und Moderatorin, die den Verlauf des Prozesses mit den Kindern aushandelt und gestaltet. In dieser Rolle muss sie ihr „Erwachsenenwissen" zurückhalten und gemeinsam mit den Kindern und an ihren Bedürfnissen ausgerichtet Umsetzungsideen entwickeln. Sie akzeptiert dabei, dass die Kinder Experten für ihre eigenen Belange sind. Aushandlungen, die auf diese Weise entstehen, sind unfertig und für die Erwachsenen (aber auch für die Kinder) wenig vorhersehbar. Sie laden alle Beteiligten (Fachkräfte, Kinder und Eltern) zum fehlerfreundlichen Ausprobieren ein. Der Reflexion des eigenen pädagogischen Handelns, von jeder Fachkraft einzeln für sich und gemeinsam für das Team geleistet, kommt dabei eine besonders hohe Bedeutung zu.

PERSÖNLICHE REFLEXION

- Kann ich mein „Erwachsenenwissen" und meine „Erwachsenenlösungen" zurückhalten und meine Meinung nur als eine unter vielen einbringen?
- Kann ich Lösungsideen und Themen der Kinder „hören" und sie mit ihnen gemeinsam umsetzen?
- Halte ich es aus, dass die Kinder aus meiner Sicht falsche Wege gehen oder in Sackgassen laufen?
- Traue ich den Kindern zu, Entscheidungen, die ihr Leben im Hier und Jetzt betreffen, selbst zu fällen und die Konsequenzen zu tragen?
- Traue ich den Kindern zu, tragfähige Lösungen für die Probleme des Alltags in der Kita zu erarbeiten?

5.3 Einigungsprozesse im Team gestalten

Fallbeispiel: Teamdiskussion über Beteiligungsrechte der Kinder beim Essen

„Ich finde, die Kinder müssen wenigstens die neuen Gerichte probieren, die wir zum Mittagessen anbieten," äußert eine Erzieherin. „Ja, stimmt, sonst wissen sie ja gar nicht, was sie ablehnen", pflichtet ihr eine Kollegin bei. Eine andere Mitarbeiterin sieht das anders: „Ich finde, die Kinder dürfen selbst entscheiden, was sie essen. Wir Erwachsenen probieren auch nicht alles. Oder kommt ihr das nächste Mal mit zum Sushi-Essen?" „Aber wir haben auch die Verantwortung für eine gesunde Ernährung der Kinder. Wenn dann ein Kind nur das Fleisch isst und niemals Gemüse, dass geht für mich nicht", setzt ein Kollege dagegen.

Das Team sollte erst für sich klären, wie viel Beteiligung es Kindern zugestehen möchte

So oder so ähnlich verlaufen Diskussionen in Kita-Teams, wenn es wie hier um das Beispiel „Essen" geht. Gerade im Bereich der Selbstbestimmungsrechte der Kinder (Essen, Bekleidung, Teilnahme an Angeboten usw.) gehen die Ansichten häufig weit auseinander oder sind sogar gegensätzlich. Hier tritt das Spannungsfeld zwischen den Partizipationsrechten der Kinder und den Erziehungszielen der Fachkräfte deutlich zu Tage. Und es geht dabei auch immer um das jeweilige innere Bild vom Kind. Was kann ich einem Kind zutrauen? Was brauchen Kinder, um sich weiterentwickeln zu können und in einer Welt von morgen zu bestehen?

Um den Kindern eine verlässliche Basis für Beteiligungsprozesse anbieten zu können, muss das Team im Vorfeld klären, in welchen Bereichen die Kinder in Zukunft mit- oder selbstentscheiden können. Dazu benutzen wir in unseren Beteiligungsprojekten in der Regel eine von uns abgewandelte Konsensmethode (siehe Kapitel 2.6, S. 63 f.).

Der Einigungsprozess ist in vielen Fällen ein intensives Ringen um gemeinsame Wege. Für die meisten Teams ist das Konsensverfahren ungewohnt und braucht eine Übungsphase, da Entscheidungen im Alltag meist mit der Hilfe von Mehrheitsverfahren abgestimmt werden. In den ersten Prozessen muss eine von allen getragene Lösung manchmal hart erstritten werden, aber bald wird die Lösungsfindung als zunehmend einfacher und schneller erlebt. Im intensiven Austausch wird die pädagogische Haltung jedes einzelnen Teammitgliedes deutlich, was in vielen Fällen die Lösungsfindung erleichtert. So wird nach und nach ein Beteiligungskonzept des Gesamtteams herausgearbeitet.

Eine Erzieherin beschrieb das so: „Zu Anfang hab ich nicht daran geglaubt, dass wir uns im Team einigen können. Auch nicht mit externer Hilfe. Sonst diskutieren wir in den Dienstbesprechungen auch stundenlang ohne ein Ergebnis. Aber als wir dann den ersten Konsens erreicht hatten und wussten, wie und dass es funktioniert, war das ein tolles Gefühl. Inzwischen setzen wir die Konsensmethode auch in den Dienstbesprechungen ein. Das klappt jetzt viel besser."

Bei der Konsenssuche geht es im ersten Schritt darum, die unterschiedlichen Argumente auszutauschen. Was spricht für die Beteiligung der Kinder in einem bestimmten Bereich, was spricht dagegen? Dabei geht es nicht darum, die anderen Teamkolleginnen von der eigenen Meinung zu überzeugen, sondern darum, Argumente zu sammeln und auszutauschen. Manchmal erleichtert eine Verschriftlichung der gesammelten Punkte auf Moderationskarten den Prozess.

Einigungen nach der Konsensmethode stärken den Zusammenhalt im Team

Im zweiten Schritt wird gemeinsam nach einem gangbaren Weg gesucht. Dies bedeutet manchmal, den Entscheidungsbereich in kleine Teilschritte zu zerlegen („Also beim Frühstück, dem Wunschessen und bei Festen finde ich diese Regelungen in Ordnung, aber …") oder auch die Verhandlungsmasse zu vergrößern („Ich probiere es mit Euch aus, die Kinder in diesem Bereich zu beteiligen, aber dann sollen die Kinder auch beim Festbüfett mitbestimmen dürfen.").

Im dritten Schritt geht es darum, das Diskussionsergebnis möglichst in einem Satz zusammenzufassen, wie z. B.: „In Zukunft dürfen die Kinder beim Frühstück selbst entscheiden, ob sie essen." Dann kann jedes Teammitglied im letzten Schritt für sich entscheiden, ob sie oder er:

- der Aussage ohne Wenn und Aber zustimmt,
- mit Bedenken zustimmt und trotzdem zur Umsetzung beiträgt,
- noch einmal die Formulierung des Satzes verändern möchte/muss,
- oder ein Veto einlegt.

Am Ende dieses Prozesses ist die Frage nach dem gemeinsamen Nenner und den Beteiligungsrechten der Kinder für diesen Bereich geklärt. Als nächstes kann die Planung des Projektes oder die Verfassung der Kita entwickelt und im Anschluss verschriftlicht werden (siehe Kapitel 2.3, S. 33 ff., und 2.4, S. 41 ff.).

Die gemeinsamen Beschlüsse dienen in der täglichen Praxis als Rückversicherung für das pädagogische Handeln. Durch die im Team geführten Aushandlungsprozesse entsteht ein „roter Faden", der sich durch den Kindertagesstättenalltag zieht. Das Erstreiten eines Konsenses hat aber meist auch noch andere positive Auswirkungen: Im Prozess werden gemeinsame Handlungs- und Haltungskriterien im Umgang mit den Kindern entwickelt, die weit über die Beteiligungsprozesse hinausgehen. Das positive Gefühl, sich in schwierigen Situationen des Rückhalts der Kolleginnen und der Leitung sicher zu sein, wird von vielen Fachkräften beschrieben.

5.4 Leitung und Träger ermöglichen oder verhindern Partizipation

Das Gelingen von Beteiligungsprozessen in einer Kita ist immer abhängig von den Kommunikationsstrukturen eines Teams, dem Leitungsstil und der Transparenz von Entscheidungen. Nur in einer Kultur der „gleichen Augenhöhe" mit demokratischen Strukturen, in der Mitarbeitende erleben, dass ihnen selbst das Recht zur Mitbestimmung zugestanden wird, gelingt es auch, die Kinder weitreichend zu beteiligen. Damit haben Trägerstrukturen und Leitungsstil einen entscheidenden Einfluss auf die Beteiligungsmöglichkeiten der Kinder. Beteiligung muss von Leitung und Träger gewollt sein. Den Leitungskräften kommt damit eine Schlüsselfunktion zu. Ihr Leitungsstil ermöglicht, erschwert oder verhindert die Beteiligung der pädagogischen Fachkräfte und damit auch der Kinder. Letztendlich können aber auch Leiterinnen und Leiter ihre Kita allein nicht grundlegend wandeln. Leitungskräfte *und* Team müssen gemeinsam Partizipation zum Thema einer Kindertagesstätte machen und den entstehenden Prozess tragen und unterstützen. Ohne aktive Mitwirkung von allen Beteiligten ist eine Beteiligungsstruktur nicht umzusetzen. Konzeptionelle Veränderungen passieren nicht von heute auf morgen, sondern in vielen kleinen Schritten und erfordern viel Zeit und manchmal auf viel Geduld mit uns selbst und anderen.

Beteiligungsstrukturen verlangen aber auch nach äußeren Rahmenbedingungen, die den Austausch im Team sowie Fort- und Weiterbildung ermöglichen. Neben ausreichend Zeit außerhalb der Betreuung der Kinder für die Fachkräfte müssen auch finanzielle Mittel zur Verfügung gestellt werden. Darüber hinaus ist es sinnvoll, gerade zu Beginn des Prozesses auf die externe Unterstützung durch Fachberatung oder Referenten zurückzugreifen. Dies kann meist nicht aus den üblicherweise vorhandenen zeitlichen und finanziellen Ressourcen einer Kita geleistet werden. Damit steht der Träger in einer besonderen Verantwortung.

Partizipation verlangt Zeit, die auch vom Träger zur Verfügung gestellt werden sollte

5.5 Die Veränderung der pädagogischen Perspektive – ein Interview

Mit der Einführung von partizipativen Strukturen und der Verankerung von Beteiligungsrechten wird ein neuer Aspekt in das Kita-Konzept aufgenommen. Dieser hat auch immer Auswirkungen auf die Kindertagesstätte und die Haltung jeder einzelnen pädagogischen Fachkraft. In der Reflexion der Beteiligungsprozesse äußern pädagogische Fachkräfte immer wieder, dass sich ihr pädagogisches Handeln und ihre Sichtweise Kindern und Eltern gegenüber im Prozess verändert haben. Manchmal sind es nur kleine Veränderungen, manchmal beschreiben Kolleginnen aber auch, dass sie sich inzwischen in ganz vielen Situationen anders verhalten als früher, wie im folgenden Interview.

Interview mit Claudia Roeper, Erzieherin in der Kita des „Tausendfüßler" e.V. aus Kaltenkirchen, zur Fragestellung „Hat sich Ihre pädagogische Arbeit durch die Einführung von Beteiligungsrechten der Kinder verändert?"

Durch die Partizipationsprojekte hat sich meine Perspektive verändert. Ich hab das Gefühl, dass ich jetzt viel näher an den Kindern dran bin, an ihrer Befindlichkeit und ihren Themen. Dabei geht mir mehr darum zu sehen, was die Kinder alles schaffen, und nicht das, was sie nicht schaffen. Dazu gehört, das ich den Kindern was zutraue. Dafür muss ich die Kinder auch mal alleine machen lassen, auch wenn es dann vielleicht Zoff gibt.
Die Frage, welche Kinder allein auf dem Außengelände spielen dürfen, ist z. B. gerade so ein aktuelles Thema. Ich habe natürlich meine Vermutungen, bei wem es wohl gut geht oder wo es schwierig werden könnte. Die Entscheidung aber wirklich den Kindern zu überlassen, ging schon ein wenig an meine Grenzen. „Was denkt ihr, was brauchen wir für Regeln, wenn ihr alleine rausgeht?", habe ich sie gefragt. Sie zählten mir dann drei Punkte auf. Erstens: Wir dürfen uns nicht gegenseitig wehtun – mit Absicht. Zweitens: Wenn wir einen Streit nicht allein lösen können oder jemand sich verletzt, holen wir eine Erzieherin. Und drittens: Wenn jemand die Regeln nicht mehr weiß oder was falsch macht, sagen wir noch mal, was man darf und was nicht.
Bevor einige Kinder rausgingen, fragte ich sie noch: „Schafft ihr das alleine draußen?" Die Kinder waren sich sicher. Kurze Zeit später kamen sie aber schon wieder rein. Sie hatten Fußball gespielt und ein Kind wurde dabei gefoult. Nun erwarteten sie von mir, dass ich ihren Konflikt löse. „Was kann man denn tun, wenn jemand gefoult wird?" Sofort waren die Kinder eifrig um Lösungen bemüht. „Das ist wie beim Fußball der Großen, da bringt dann auch einer einen Eisbeutel" oder „Die helfen sich dann beim Aufstehen." „Aber erst muss man doch trösten". So beschlossen die Kinder, sich beim nächsten Mal um einen nassen Waschlappen mit kaltem Wasser, Hilfe beim Aufstehen und das Trösten zu kümmern.

Ich kann beobachten, dass die Kinder durch die Beteiligung zunehmend Verantwortung für sich und andere übernehmen. Wenn ein Kind etwas geschafft hat, dann wächst es förmlich. Dabei lernen die Kinder ganz viel voneinander. Das hat eine ganz andere Qualität, als wenn wir Erwachsene unsere Lösungsideen an die Kinder weitergeben. Die Kinder sind viel motivierter: „Das probiere ich jetzt auch aus. Mal sehen, ob ich das kann."
Häufig reagieren meine Kolleginnen und ich noch viel zu schnell. Ich würde mir wünschen, den Kindern manchmal noch mehr Raum zu lassen. Das heißt aber auch, dass wir unsere Haltung und unsere Grenzen noch mehr reflektieren und abstimmen müssen. Ich würde sagen, wir sind als Team aber schon auf einem guten Weg. Für uns ist es wichtig, dass die Kinder eine Struktur haben. Dazu müssen wir uns als Erwachsene genau absprechen. Je besser diese Absprachen sind, desto verlässlicher und verbindlicher ist der Rahmen für die Kinder. Das ist schon ganz schön anspruchsvoll und braucht viel Zeit.
Seit der Fortbildung haben wir schon eine Menge erreicht und entwickeln uns eigentlich täglich weiter. Wir werden nie fertig sein und das finde ich an Partizipation gerade so spannend. Die Kinder bringen immer wieder neue Themen. So viel Fantasie hätte ich gar nicht. Was da an Argumenten und an Diskussionsmaterial für die Gruppe kommt, erstaunt mich immer wieder. Es ist ein tolles Gefühl zu sehen, dass sich die Kinder wichtig nehmen. Ich habe manchmal das Gefühl, die Kinder leuchten, wenn sie sagen „Ich habe das jetzt allein geregelt." oder „Du, wir machen das schon. Lass mal." Früher habe ich die Kinder in manchen Situationen vollgeredet. Heute schaue ich erst mal, wie weit ich sie machen lassen kann und biete erst viel später Unterstützung an. Dafür brauche ich Geduld und muss meine eigene Spannung aushalten, aber es lohnt sich.

5.6 Wie sich Partizipationsprozesse auf die pädagogische Arbeit auswirken

Die Beteiligung von Kindern hinterlässt immer Spuren, sowohl in der Kindertagesstätte als auch im Denken und Handeln der pädagogischen Fachkräfte. Beteiligungsprozesse haben auch Auswirkungen auf die Rolle der einzelnen Kolleginnen und auf das Selbstverständnis der Fachkräfte in der Einrichtung. Claudia Roeper äußert dies im oben beschriebenen Interview: „Ich hab das Gefühl, dass ich jetzt viel näher an den Kindern dran bin, an ihrer Befindlichkeit und ihren Themen." Sie beschreibt auch, wie die Kinder allein Regeln für das Spiel auf dem Außengelände entwickeln. „Die Entscheidung aber wirklich den Kindern zu überlassen, ging schon ein wenig an meine Grenzen." So oder so ähnlich beschreiben viele Kolleginnen die Veränderung ihrer Rolle von der im Mittelpunkt der Gruppe stehenden „Macherin" hin zu einer „Ermöglicherin", die den Kindern den Raum lässt, viele Erfahrungen selbst zu machen. Dieser Paradigmenwechsel beinhaltet häufig auch, dass von Erwachsenen vorgegebene Themen immer mehr von den Themen der Kinder abgelöst werden. Individuelle Prozesse der Kinder rücken in den Vordergrund. Lernen findet so eher ausgehend von den Problemstellungen, Interessen und Bedürfnissen der Kinder statt. Dabei verändert sich scheinbar auch der Blick auf die Kinder. Viele Kolleginnen beschreiben, dass sie die einzelnen Kinder nicht mehr mit dem Fokus auf die Defizite wahrnehmen, sondern auf das achten, was sie schon alles können. Dabei werden die individuellen Ressourcen von Kindern deutlicher wahrgenommen: „Immer wenn ich die Kinder bei den Beteiligungsprojekten beobachte, merke ich noch mal, wie toll die sind und was sie schon alles können."

Darüber hinaus scheinen Beteiligungsprojekte die pädagogischen Fachkräfte eher dazu zu animieren, auf die individuellen *Prozesse* zu achten und weniger den Blick auf die *Produkte* zu richten. Im Vordergrund steht nicht mehr, wie „schön" oder aufwendig zum Beispiel eine Einladung von einem Kind gestaltet wurde, sondern welchen Weg es gewählt hat oder wie es sich engagiert hat.

Auch der Anspruch an sowie der Umgang mit Projekten haben sich laut Aussagen einiger Kolleginnen in den Beteiligungsprozessen verändert: „Ich finde es nicht mehr so wichtig, ein Thema nach dem anderen zu machen. Jetzt hängen die Projekte, die mit den Kindern entstehen, immer irgendwie zusammen. Von allen Themen bleibt „was hängen" und die Gruppe entwickelt sich nicht nur wissensmäßig immer weiter. Dabei mischen die Kinder immer mehr mit."

Dieser Wechsel in der Blickrichtung lässt sich auch in Bezug auf die Ergebnisse von Projekten beobachten. Es geht oftmals nicht mehr so sehr darum, ein „perfektes" Fest oder die „perfekte" Gestaltung des Gruppenraumes zu erreichen, sondern den Kindern möglichst viel Beteiligungsspielraum zu überlassen.

Erweiterung der dialogischen Haltung und des dialogischen Handwerkzeugs

Die Veränderung der pädagogischen Haltung führt zu größerer Experimentierfreude

Kinder zu beteiligen verändert die Sicht- und Handlungsweisen der pädagogischen Fachkräfte auch im Dialog mit dem einzelnen Kind oder der Gruppe. Die Kolleginnen beschreiben in der Reflexion der Prozesse, dass sie die Äußerungen der Kinder vermehrt wahrnehmen und in den Blickpunkt ihrer Arbeit rücken: „Ich schaue und höre deutlicher hin, worum es dem einzelnen Kind wirklich geht." Diese oder ähnliche Aussagen verdeutlichen, dass pädagogische Fachkräfte Kinder zunehmend als „mündige" Gesprächspartner wahrnehmen. Dabei scheinen sich die Haltung und die Erweiterung des pädagogischen Handwerkszeugs wechselseitig zu beeinflussen. „Ich probiere jetzt immer mehr aus,

den Kindern die Entscheidungen selbst zu überlassen. Zu Anfang hab ich sie, glaube ich, noch ganz schön manipuliert und die Antworten manchmal eigentlich schon vorgegeben. Aber das mache ich jetzt nicht mehr. Ich weiß ja, die Kinder können das."
Im Gespräch formulierte eine Kollegin darüber hinaus, dass diese Veränderungen auch Auswirkungen auf das Verhalten der Kinder untereinander und der Eltern mit ihren Kindern haben. „Manchmal habe ich den Eindruck, dass sich unser achtsamer Umgang auf die Kinder und die Eltern überträgt."

Veränderungen in der Team-Zusammenarbeit und der Reflexion der pädagogischen Arbeit

Eine pädagogische Praxis, die Kinder konsequent beteiligt, gelingt nicht von selbst. Sie erfordert das Loslassen von alten Verhaltensmustern und das Entwickeln von neuen Handlungsweisen und Strukturen. Durch die intensive Auseinandersetzung im Team entwickeln alle ein gemeinsames pädagogisches Selbstverständnis mit Begrifflichkeiten, deren Bedeutung für alle geklärt ist. Die intensiven Gespräche unterstützen darüber hinaus auch das Verständnis für andere Sicht- und Herangehensweisen unter den Kolleginnen. So entsteht ein Bezugsrahmen, der auch die Reflexion der pädagogischen Arbeit unterstützt und erleichtert. Viele Fachkräfte berichten, dass sie durch diesen Prozess „sprachfähiger" geworden sind, auch in anderen Bereichen wie zum Beispiel der Zusammenarbeit mit den Eltern.

Mit den bereits gesammelten Beteiligungserfahrungen und dem erweiterten Handwerkszeug wird Partizipation zur Normalität im alltäglichen Umgang. „Irgendwie ist das schon so selbstverständlich für uns geworden, die Kinder zu beteiligen." Trotzdem fallen Menschen in der täglichen Praxis, gerade wenn es stressig zugeht oder in Konfliktsituationen, wieder in alte Verhaltensmuster zurück. Dies ist ein ganz normaler Prozess – es braucht Zeit, bis Veränderungen in das alltägliche Handlungsrepertoire übergehen.

Zum Weiterlesen: Sturzenhecker/Knauer/Richter/Rehmann 2010.

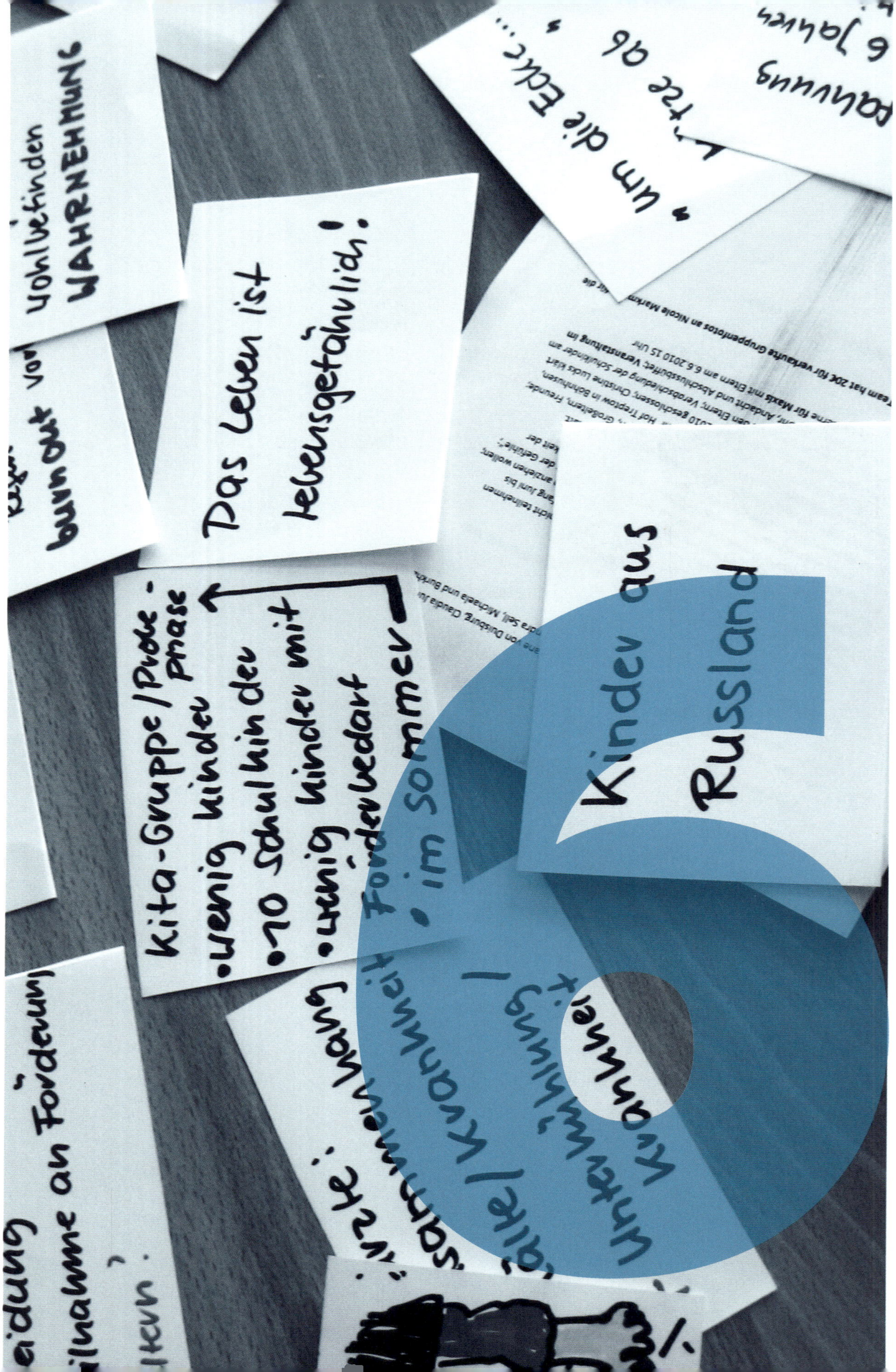
6
Das Leben ist lebensgefährlich!
Kinder aus Russland
Kita-Gruppe / Probe-phase
• wenig kinder
• 10 Schulkinder
• wenig kinder mit Förderbedarf
• im sommer
um die Ecke ...
burnout
WAHRNEHMUNG

KAPITEL 6

Ohne Eltern geht es nicht – Erziehungspartnerschaft in der Kita

In diesem Kapitel erfahren Sie ...

- etwas über das Beziehungsdreieck Kind – Erzieherin – Eltern,
- was Erziehungspartnerschaft mit Partizipation zu tun hat,
- wie Teams und Eltern gemeinsam tragfähige Lösungen finden können,
- wie Elternbeteiligung umgesetzt werden kann,
- wie Partizipation die Sicht der Eltern auf die Kinder verändert.

6.1 Grundsätzliches zur Erziehungspartnerschaft mit Eltern

Kindertageseinrichtungen sind häufig die ersten institutionellen Partner der Familien. Auch wenn „nur“ das Kind die Kita für einen Teil des Tages besucht, hat es immer seine Familie und sein Familiensystem mit „im Gepäck“. Es bewegt sich sowohl in der Kindertagesstätte als auch in der Familie und trägt Erfahrungen aus einem Lebensfeld in das andere, wird von beiden beeinflusst und beeinflusst mit seinem Verhalten auch beide Systeme. Dabei ist grundsätzlich die Familie das wichtigste Bezugssystem des Kindes und die Kindertagesstätte als Institution mit ihren Mitarbeitenden steht immer in der zweiten Reihe!

Kinder, Eltern und pädagogische Fachkräfte bilden im Zusammenspiel ein Beziehungsdreieck mit unterschiedlichen Rollen, in dem die Kinder als zentrale Personen im Fokus stehen. Eltern als Erziehungsberechtigte sind Experten für ihre Kinder und für das dazugehörige Familiensystem. Die pädagogischen Fachkräfte bilden die professionelle Seite im Beziehungsdreieck. Ihre Aufgabe ist es, neben der Erziehung, Betreuung und Bildung des Kindes die Zusammenarbeit mit den Eltern positiv und zum Wohle des Kindes zu gestalten. Denn je besser die Kooperation zwischen Kita und Elternhaus ist, desto besser sind die Chancen für eine positive Entwicklung des Kindes.

Beziehungsdreieck

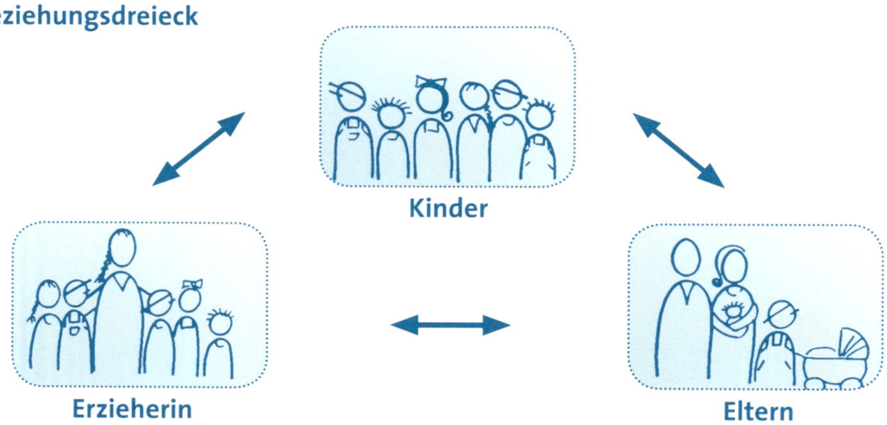

In den letzten Jahren hat in vielen Einrichtungen neben dem Wechsel der Begrifflichkeiten auch ein Haltungswechsel im Hinblick auf die Eltern stattgefunden: Wenn früher von „Elternarbeit“ gesprochen wurde, war damit oft ganz wörtlich nur der Arbeitseinsatz von Eltern auf dem Außengelände oder der Beitrag zum Kuchenbüfett des Sommerfests gemeint. Dies wurde durch den Begriff „Zusammenarbeit mit Eltern“, der den Schwerpunkt auf eine Kooperation zwischen Kita und Elternhaus legt, abgelöst. Inzwischen wird vielfach der Begriff „Erziehungspartnerschaft“ verwendet. Er geht von der gemeinsamen Verantwortung für die Förderung der kindlichen Entwicklung mit unterschiedlichen Rollen aus. (Vgl. Klein/Vogt 2008, S. 22 ff., und Damen/Betz 2009, S. 15.)

Impulsgeber für eine gelingende Erziehungspartnerschaft müssen ganz eindeutig die pädagogischen Fachkräfte sein. Als der professionelle Teil der Beziehung haben sie die Aufgabe, immer wieder auf die Eltern zuzugehen. „Erzieherinnen müssen ihre Arbeit darstellen und begründen – Eltern müssen ihr Handeln nicht rechtfertigen“ (Hartmann et al. 2008, S. 34). Pädagogische Fachkräfte haben die Aufgabe, die Spirale des Nichtverstehens oder des Nichtnachvollziehbaren zu durchbrechen. Eine Erziehungspartnerschaft ist nicht qua Betreuungsvertrag oder Gesetzgebung zu erzielen, sondern muss wachsen und wie jede andere Partnerschaft gepflegt werden. In diesem Fall liegt der Schwerpunkt dieser Aufgabe bei den pädagogischen Fachkräften.

Eltern und pädagogische Fachkräfte wirken zum Wohle des Kindes zusammen

Wenn es darum geht, eine Partnerschaft mit Eltern aufzubauen, heißt dies in der konkreten Umsetzung weit mehr als die Durchführung von Elternabenden und gemeinsamen Feiern. Es bedeutet, sich auf gleicher Augenhöhe und als Experten mit den jeweiligen Kompetenzen für das Kind zu begegnen und sich gegenseitig wirkungsvoll zu unterstützen. Wichtig ist, die Erziehungspartnerschaft nicht als feststehende Größe, sondern als einen von Individuen abhängigen, sich verändernden Prozess zu verstehen. Um diesen Prozess zu gestalten, ist es entscheidend, dass pädagogische Fachkräfte Eltern Beteiligungsmöglichkeiten zugestehen. Erziehungspartnerschaft funktioniert nur *mit* Müttern und Vätern, nicht *für* sie. Ein grundlegender Baustein der Erziehungspartnerschaft ist, Eltern an Entscheidungen zu beteiligen, ihnen die Möglichkeit der Mitwirkung zu geben und damit das Zusammenleben in der Kita gemeinsam zu gestalten. Wenn Eltern erleben, dass sie gehört werden und mit ihren Bedürfnissen in der Kita Berücksichtigung finden, dann hat dies immer auch positive Auswirkungen auf die Erziehungspartnerschaft zwischen ihnen und den pädagogischen Fachkräften. Häufig erleichtert die Beteiligung von Eltern die Zusammenarbeit auch in anderen Bereichen, gerade wenn es darum geht, Mitbestimmungsrechte für die Kinder zu verankern. Dafür muss das Team aber seine Vorstellung von Elternbeteiligung sowie die damit verbundenen Ziele und Inhalte definieren und die daraus entstehenden Umsetzungsschritte gemeinsam angehen.

Um den Prozess der Elternbeteiligung einzuleiten, bieten sich folgende Schritte an:

WICHTIGES IM ÜBERBLICK

FÜNF SCHRITTE ZUR ELTERNBETEILIGUNG

1. Bestandsaufnahme in der Kita: Welche verbindlichen Rechte haben Eltern bis jetzt? Was sind die Themen der Väter und Mütter?
2. Klärungsprozess im Team: Wo sollen die Eltern in Zukunft mitbestimmen können?
3. Erarbeitung der Partizipationsstrukturen: Wie sollen Eltern mitbestimmen können?
4. Einen Rahmen für die Zusammenarbeit schaffen: Welche gemeinsam entwickelten Strukturen wollen wir in der Kita verankern?
5. Reflexion des Prozesses gemeinsam mit den Eltern: Was hat schon geklappt? Was muss noch verändert werden?

Die einzelnen Schritte zwischen Bestandsaufnahme und Reflexion sind kein einmaliger Ablauf, sondern vielmehr ein Kreislauf. Wenn sie in einem Bereich erarbeitet wurden, beginnen sie, spätestens mit dem neuen Kita-Jahr und neuen Eltern und Kindern, vielleicht in einem anderen Bereich von Neuem.

6.2 Die gemeinsame Suche nach tragfähigen Lösungen

Partizipationserfahrungen, die Kinder in der Kita machen, haben immer auch Einfluss auf die Familien. Die freiwillige Machtabgabe und das Verhalten der pädagogischen Fachkräfte in der Einrichtung führt dazu, dass Kinder sich auch zu Hause anders verhalten: „Die Melanie in der Kita hat aber gesagt …“ oder „In der Kita darf ich aber …“.

▸▸ Fallbeispiel: Auswirkung von Partizipation in der Kita auf die Familie

Die Hortgruppe in einer Kita hat die Selbstverantwortung für die Hortkasse übertragen bekommen. Nicht nur Lebensmittel, sondern auch Sachmittel werden von den Kindern verwaltet. Dieses Projekt führt trotz längerem Vorlauf und Einbindung der Eltern an einem Elternabend unerwartet zu lebhaften Diskussionen. Einige Kinder hatten nämlich zu Hause nachgefragt, wer eigentlich dort bestimme, wofür das Familienbudget ausgegeben werde. Und darüber hinaus den Vorschlag eingebracht, dass man doch auch zu Hause gemeinsam darüber entscheiden könnte. Daraufhin kam es in einer Familie zum Streitgespräch zwischen den Ehepartnern. Diesen Streit hätte die Kita zu verantworten, erboste sich der Vater beim Elternabend.

Die Aufgabe der pädagogischen Fachkräfte ist es, die Bedürfnisse und Sorgen der Eltern wahr- und ernst zu nehmen. Eltern sind die Experten für ihre Kinder, egal welches pädagogische Hintergrundwissen sie haben. Sie versuchen, das für sie Richtige zu tun und haben das berechtigte Bedürfnis, die Kontrolle über die Abläufe ihres Familienalltags zu behalten. Die Sicht der Profis ist manchmal vielleicht eine andere als die der Eltern, aber nicht höher zu bewerten.

Die Beteiligung der Eltern nimmt in Partizipationsprozessen, in denen Kindern Rechte zugestanden werden, eine entscheidende Rolle ein: Ohne Eltern geht das nicht!

Unterschiede und Widersprüche wahrnehmen

Kinder kommen mit unterschiedlichen Regeln in Kita und Elternhaus zurecht

Partizipative Prozesse bedeuten, dass für Kinder, Eltern und pädagogische Fachkräfte vertraute Handlungsmuster in Frage gestellt werden und neue Herausforderungen entstehen.

Wenn sich Kindertagesstätten auf den Weg machen, den Kindern Rechte einzuräumen, treffen Kinder häufig auf Unterschiede und zum Teil auch auf Widersprüche zu ihrem sonstigen Alltag. Solange unterschiedliche Handlungs- und Betrachtungsebenen nebeneinander stehen bleiben können oder miteinander vereinbar sind, ist das meist kein Problem. Selbst wenn zu Hause andere (Selbstbestimmungs-)Regeln gelten als in der Kita, werden Kinder nicht automatisch in Loyalitätskonflikte gestürzt. Ausschlaggebend ist, dass Kinder die grundsätzliche gegenseitige Akzeptanz von Eltern und pädagogischen Mitarbeitern erleben. Auch schon sehr kleine Kinder können sich z. B. gut auf das unterschiedliche Verhalten von Eltern und Großeltern einstellen und ihr Verhalten anpassen. Dies gelingt ihnen auch bei unterschiedlichen Herangehensweisen von Eltern und pädagogischen Fachkräften. Entscheidend ist, aus den Unterschieden keine Unvereinbarkeiten werden zu lassen und die Kinder nicht in die „Zwickmühle" zu bringen, sich zwischen Elternhaus und Kita entscheiden zu müssen. Dabei geht es bei diesen Konflikten häufig nicht nur um die Sachebene, die von den Beteiligten unterschiedlich betrachtet wird, sondern vielmehr um emotionale Inhalte wie beispielsweise: Wer weiß, was besser ist für das Kind? Wen bevorzugt das Kind? Diese Emotionen von beiden Seiten sind immer auch unausgesprochene Botschaften an das Kind, die es selbst nicht auflösen oder klären kann. Damit das Kind nicht in einen Loyalitätskonflikt gerät, haben die Erwachsenen die Aufgabe, diese Widersprüche auf ihrer Ebene zum Wohle des Kindes zu lösen.

Daraus ergibt sich die Notwendigkeit, die Eltern vor der Einführung von Beteiligungsrechten umfassend zu informieren und ihr Einverständnis einzuholen. Ohne die Eltern ist eine Lösung im Sinne der Kinder nicht möglich. Alles pädagogische Bestreben gegen den Willen der Eltern bringt sie in eine Position zwischen den Stühlen. Dies geht nicht immer ohne Auseinandersetzungen, ohne das Aushandeln und „Ausstreiten" von unterschiedlichen Interessen von Eltern und pädagogischen Fachkräften.

Wie dies funktionieren kann, zeigt der folgende persönliche Erfahrungsbericht zweier Erzieherinnen.

6.3 Erfahrungsbericht: „Das würden wir uns gern mit euren Kindern trauen."

„Die Regenhose zieh ich nicht an!", teilt Conner mir beim Anziehen mit. Auch bei anderen Kindern unserer eingruppigen Kita sorgen Regensachen, Jacken und Hausschuhe immer wieder für Konflikte. Als wir uns dann in einer Fortbildung mit dem Thema Partizipation auseinandergesetzt haben, war für meine Kollegin und mich schnell klar, dass wir den Kindern in Zukunft freistellen wollten, was sie im Haus und auf dem Gelände der Kita anziehen wollen. Der beginnende Sommer schien uns ein geeigneter Zeitpunkt, um zunächst in einer achtwöchigen Ausprobierphase Erfahrungen in diesem Bereich zu sammeln.

Bei der genaueren Planung wurde für uns schnell klar: „Ohne die Eltern geht das nicht!" Deshalb haben wir alle Eltern zu einem Elternabend eingeladen.

Bei der Planung des Abends ging es uns zunächst darum, die Eltern über die Ziele von Partizipationsprozessen zu informieren. Wir wollten den Eltern im ersten Schritt die Bedeutung von Partizipation für die Bildung jedes einzelnen Kindes darstellen und ihnen dann die unterschiedlichen Umsetzungsmöglichkeiten vorstellen. Den Hauptteil aber sollten unsere konkrete Planung und der Aushandlungsprozess mit den Eltern einnehmen.

Am Elternabend waren dann in der Kindertagesstätte fast alle Stühle besetzt. Nur vier Eltern hatten sich entschuldigt. Meine Kollegin und ich waren sehr gespannt und etwas aufgeregt, wie die Mütter und Väter auf unsere Ideen reagieren würden. Wir schwankten zwischen Zuversicht und der Befürchtung, dass sie unser Vorhaben kippen würden.

Nach dem allgemeinen Teil über Partizipation in der Kindertagestätte waren die Eltern ganz gespannt, wie wir die Umsetzung konkret geplant haben. „Nun spuckt schon aus, was sollen die Kinder hier in Zukunft mitbestimmen?", fragte eine Mutter, als eine erwartungsvolle Pause entstanden war. Unsere Antwort „Die Kleidungsfrage freizugeben, das würden wir uns gern mit euren Kindern trauen. Was haltet ihr davon?" löste zuerst ganz unterschiedliche Reaktionen der Eltern aus. Von Sorgen oder Zweifeln („Das kann meine Tochter noch nicht.", „Ohne Regenhosen sehen die immer total dreckig aus und ich hab die Wäscheberge. Was ist mit meinen Rechten?", „Dann weiß ich ganz genau wie mein Sohn rumrennt.") bis zu neutralen oder zustimmenden Äußerungen („Ich sehe das ganz entspannt, meine Tochter entscheidet das eigentlich jetzt schon.", „Ich glaube, das tut unseren behüteten Kindern ganz gut.") wurde heftig diskutiert. Dabei haben wir von unserer Seite aus noch einmal deutlich gemacht, dass es uns um einen Aushandlungsprozess mit den Eltern geht: „Uns ist es ganz wichtig, dass wir einen Weg finden, den alle von euch mitgehen können. Die Kinder sollen in diesem Punkt auf keinen Fall unterschiedliche Anweisungen von Eltern und Kita-Mitarbeiterinnen bekommen. Deshalb wollen wir mit euch gemeinsam die Regeln festlegen, die dann für alle während der Probephase gelten!"

So entstand eine intensive Diskussion über das Für und Wider von Regenhosen, Jacken und Schuhen. Jetzt zu Beginn des Sommers war auch der Sonnenschutz ein Thema für die Eltern. Auch dabei war den meisten Eltern wichtig, dass den Kindern die Möglichkeit gegeben wird, Verantwortung für das eigene Wohlbefinden zu übernehmen.

■ Ob die Kinder selbst entscheiden können, wie viel Sonne ihnen guttut?

Gemeinsam wurde schließlich beschlossen, dass der Sonnenschutz nicht von den Kindern bestimmt werden soll. Auch Kinder, die nach einer langen Krankheit wieder in die Kita gehen konnten, sollten zeitweise vom Selbstbestimmungsrecht ausgenommen werden. Das Thema Regenhosen wurde ebenfalls heiß diskutiert. Eine Mutter sagte nach dem Austausch vieler Argumente: „Nö, also wenn die Kinder schon Verantwortung für ihren eigenen Körper und ihre Kleidung übernehmen sollen, dann will ich das ganze Programm. Dann sollen sie auch über die Matschhosen mitbestimmen dürfen!" In der Frage der Regensachen entschieden sich die Eltern schließlich dafür, den Kindern die Entscheidung zu überlassen.

Nach zirka eineinhalb Stunden standen alle Beschlüsse. Dass sich die Eltern so eindeutig für unseren Vorschlag, die Bekleidungsfrage in Zukunft von den Kindern entscheiden zu lassen, aussprechen würden, hatten meine Kollegin und ich nicht erwartet. Wir waren richtig beeindruckt und stolz darauf, dass die Eltern uns so vertrauen. Am Ende des Elternabends äußerte eine Mutter: „Eigentlich können wir richtig froh sein, dass unsere Kinder das alles in der Kita ausprobieren können."

Am nächsten Morgen beratschlagten wir, wie wir die Eltern, die nicht auf dem Elternabend waren, auch informieren und nach ihrer Meinung fragen konnten. Wir entschlossen uns dazu, kurzfristig Gesprächstermine mit diesen Eltern zu machen.

Die Diskussionen auf dem Elternabend hatten sich aber schon vorher bis zu den vier Eltern herumgesprochen. „Also vor diesem Gespräch heute hab ich ja gedacht, nun spinnen sie total in der Kita. Aber dann hab ich mal im Internet gesurft und so einiges Spannendes dazu gefunden. Ich find es toll, dass unsere Kinder sowas in der Kita ausprobieren können", sagte uns ein Vater. Nach den Gesprächen war klar: Auch die Eltern, die nicht am Elternabend teilgenommen hatten, konnten den Weg mit uns gehen.

Zu Beginn der Probephase wollten wir den Kindern im Morgenkreis von unserer Idee berichten. In diesen Kreis sollte uns, auf Wunsch der Kinder, unser Handpuppenrabe „Krax" mal wieder besuchen. Krax erschien in kompletter Winterkleidung mit Schneehose, Mütze, Handschuhen usw. Als die Kinder sich wunderten und fragten: „Es ist doch ganz schön warm heute. Warum hast du das alles an?", teilte Krax mit: „Ich zieh an, was ich will!" und fragte die Kinder: „Warum habt ihr denn so wenig an, mir ist ganz kalt!" Danach entstand eine längere Diskussion mit den Kindern darüber, was denn kalt ist und was warm. Um Krax die Unterschiede besser erklären zu können, holten die Kinder Kühlkissen und Decken. Wir Erwachsenen hatten eine Kiste mit unterschiedlichen Materialien wie Metall, Wolle und Styropor zum Fühlen bereitgestellt. Was fühlt sich warm an, was kalt? Was wärmt und was eher nicht? Die Kinder stellten fest, dass die Wahrnehmung jedes Einzelnen ganz unterschiedlich ist. „Jeder fühlt es ganz anders. Nur die Eiswürfel fanden alle richtig kalt!", fasste Liv zum Schluss zusammen. Den Vorschlag, dass sie in Zukunft selbst darüber bestimmen sollten, was sie anziehen, fanden alle Kinder toll.

In der Abholzeit um 13 Uhr waren an diesem Tag fast alle Kinder in Unterwäsche auf dem Außengelände unterwegs. Ich hatte meinen langärmeligen Pulli noch an, weil mir beim Stehen im Schatten nicht so warm war. Die erste Mutter wurde von ihrer Tochter mit den Worten „Du hattest recht Mama, ich entscheide, was ich anziehe, nicht du!" begrüßt. Bei diesem Satz und der ganzen Abholsituation war meiner Kollegin und mir ganz schön mulmig zumute. Aber die Eltern reagierten auf die Situation zumeist ganz entspannt und mit einem verhaltenen Schmunzeln.

In der ersten Zeit wollten fast alle Kinder nur ganz wenig anziehen. Sie sicherten sich für ihr Verhalten immer wieder bei uns ab. „Du Loreen, ich zieh das jetzt aus." Nur wenn wir ihnen zunickten oder ihre Aussagen bejahten, zogen sie das betreffende Kleidungsstück wirklich aus. Erst nach und nach entschieden die Kinder selbstständig, ohne Rückversicherung bei uns. Vereinzelt berichteten uns die Eltern in dieser Zeit, dass sich ihre Kinder auch zu Hause damit beschäftigten, welche Kleidung für das Wetter und das momentane Befinden die richtige ist.

Nach zirka einer Woche passte sich das Verhalten der Kinder immer mehr den tatsächlichen Witterungsverhältnissen an. Die Kinder gingen nach draußen und kamen zum Teil wieder rein, um sich eine Jacke anzuziehen. Nur einige ältere Mädchen fanden es schick, immer in der Unterwäsche auf dem Außengelände zu spielen, egal ob es warm war oder nicht. Sie versuchten, auch die anderen Kinder mit Sätzen wie "Ich gehe in Unterwäsche, du auch ?" dazu zu überreden sich auszuziehen. Meine Kollegin und ich beschlossen daraufhin, das Thema unterschiedlicher Wahrnehmung noch einmal mit allen Kindern anzusprechen. Wieder besuchte uns Krax im Stuhlkreis. Er hatte diesmal seine Freundin Chlothilde, die Schnecke, mitgebracht. Im Kreis zeigte Krax den Kindern, dass er sich die Federn ausgerissen hat. Die Kinder waren ganz erstaunt darüber und fragten Krax, warum er denn das gemacht hätte. „Na, meine Freundin Chlothilde hat doch auch keine Federn an. Die läuft immer nackig rum. Ich will jetzt auch nackig sein." Die Kinder diskutierten daraufhin mit Krax darüber, dass Chlothilde eine Schnecke ist und dass das etwas anderes ist als ein Rabe. „Ein Rabe braucht doch seine Federn!" So kam das Gespräch nach und nach zu dem Punkt, dass jeder etwas anderes braucht. Manche Kinder sind das „Nackigsein" draußen nicht gewöhnt und sie brauchen Zeit, um ihren Körper daran zu gewöhnen. Die Kinder einigten sich dann mit Krax darauf, dass jeder am besten selbst auf seinen Körper aufpasst und genau hinfühlt, was für ihn jetzt gerade das Richtige ist. Der Vorschlag eines Mädchens „Jeder kann ja zuerst fühlen, wie warm es ist und sich dann erst anziehen", wurde gleich ausprobiert. Daraus entstand ein neues Ritual. Bevor die Kinder nach draußen gehen, laufen sie erst mal vor die Tür und fühlen, wie kalt oder warm es ist. Dann überlegt sich jedes Kind, was es denn anziehen möchte. Inzwischen beobachten wir, dass auch Kinder, die ganz dick befreundet sind, sich unterschiedlich viel anziehen. Zum Teil beraten sie sich ganz fürsorglich untereinander. „Kuck mal, du schwitzt ganz doll, soll ich dir helfen beim Pulliausziehen?" Für die Kinder ist es ein Stück selbstverständlich geworden, aufeinander zu achten. Auch die Eltern nehmen eine Veränderung wahr. Sie berichteten, dass die Kinder zum Teil auch zu Hause fühlen, bevor sie sich anziehen und selbstbewusst entscheiden, welche Kleidung sie heute brauchen. „Aber dass meine Tochter auch in Unterwäsche aus der Kita nach Hause gehen will, daran muss ich mich erst noch gewöhnen", erzählte ein Vater schmunzelnd.

■ Ungleiche Gesellen: Rabe Krax und Schnecke Chlothilde .

■ Mal sehen, was ich heute für draußen zum Anziehen brauche ....

Den Kindern das Recht zuzugestehen, selbst zu entscheiden, was sie anziehen, war für uns eine echte Herausforderung und erforderte eine große Portion Mut. Die Kinder dabei zu begleiten, ihren eigenen Weg zu finden, hat den gesamten Kindertagesstätten-alltag ein Stück verändert und uns zusammen mit den Eltern wachsen lassen. Die Kinder waren so glücklich und stolz darüber, ihre Bekleidung selbst bestimmen zu können. Wir würden immer wieder probieren, ihnen entscheidende Selbstbestimmungsrechte in der Kita zu geben. Sicherlich ist das nicht der letzte Aspekt, den die Kinder in unserer Einrichtung mitbestimmen dürfen.

(Bericht von Loreen Henack und Susanne Jeske aus der Ev. Kindertagesstätte in Ottendorf bei Kiel)

6.4 Eltern in Beteiligungsprozesse einbeziehen

Eltern informieren

Information ist ein wichtiger Baustein von Partizipation

In jedem Partizipationsprozess muss die zentrale Frage „Können die Kinder durch diesen Prozess in einen Interessenkonflikt zwischen Kita und Elternhaus geraten?“ beantwortet werden. Unserer Erfahrung nach sind Beteiligungsprozesse, die „Versorgungsaspekte“ wie Ernährung, Kleidung, Sauberkeit, Schlaf usw. berühren, zwingend im Vorfeld auf Erwachsenenebene zwischen Fachkräften und Eltern zu klären. Auch Prozesse, die die Teilnahme an Angeboten oder die Mitbestimmung bei Finanzen in der Kita freigeben, sollten mit den Eltern unbedingt vorher ausgehandelt werden. Themen, die die Gestaltung von Kita-Festen oder -Räumlichkeiten betreffen, werden von Eltern häufig als Aspekte erlebt, die ihre häusliche Erziehung nicht so sehr berühren. In diesen Bereichen sind die Aushandlungsprozesse meist weniger kontrovers und die Information der Eltern kann dabei nach folgendem Schema ablaufen:

WICHTIGES IM ÜBERBLICK

ELTERN MÜSSEN INFORMIERT WERDEN ÜBER

1. Ziele und Sinn von Partizipation,
2. die Inhalte von Partizipationsprozessen,
3. die rechtlichen Grundlagen von Partizipation und
4. konkret geplante Partizipationsprozesse und Umsetzungsschritte.

Der Information der Eltern kommt eine zentrale Bedeutung zu. Sie bietet Eltern die Chance, sich auf das Thema Partizipation einzulassen und die Bedeutung für ihr Kind zu reflektieren. Das braucht Zeit und pädagogische Fachkräfte, die eigene Standpunkte vertreten und gleichzeitig zur Diskussion stellen, sich auf Fragen und Statements der Eltern einlassen, diese als grundsätzlich berechtigt akzeptieren und Aushandlungsprozesse auf gleicher Augenhöhe gestalten. Fachkräfte, die Eltern nicht belehren oder erziehen wollen.

In der täglichen Praxis aber ist die Information von Eltern häufig eine große Herausforderung. Elternbriefe und Aushänge erreichen nicht alle Eltern. Elternabende werden oft nur von wenigen Müttern und Vätern besucht. So müssen die pädagogischen Fachkräfte den Zugang zu den Eltern unterschiedlich gestalten: Manche Familien erreichen sie auf Infoveranstaltungen, manche bei Tür- und Angelgesprächen, manche durch Fotodokumentationen oder von den Kindern „geschriebene" Briefe. In vielen Einrichtungen haben sich aber auch ganz individuelle Möglichkeiten der Kommunikation zwischen Eltern und pädagogischen Fachkräften entwickelt.

Prozesse dokumentieren und damit Einblicke ermöglichen

Dokumentation in der Kita ist auch für Eltern wichtig

Um Eltern immer auf dem Laufenden zu halten, hat auch die Dokumentation von Beteiligungsprozessen einen besonders hohen Stellenwert. Projektverläufe, die z. B. auf Fotos dokumentiert sind, geben Eltern einen Einblick ins Geschehen und bieten Gesprächsanlässe mit dem eigenen Kind. (In einer Kita ist daraus die Rolle des „Verkünders" entstanden. Ein von den anderen Kindern gewähltes Kind hatte jeweils eine Woche lang die Aufgabe, den Eltern anhand von Fotos zu berichten, was im Projekt abgelaufen war.)

Sind die Beteiligungsrechte der Kinder in einer Kita erst einmal verankert, haben die Fachkräfte gleichzeitig eine Leitlinie, die die Arbeit den Eltern gegenüber transparent macht und damit das Profil der Einrichtung schärft.

Eltern selbst beteiligen

Im Prinzip können Eltern an allen Beteiligungsprozessen von Anfang an und in jedem Teilstadium mitwirken und mitentscheiden.

WICHTIGES IM ÜBERBLICK

EINBEZUG VON ELTERN IN DIE ERARBEITUNG VON BETEILIGUNGS-STRUKTUREN

1. Themenfindung
2. Planung
3. Durchführung oder Umsetzung
4. Reflexion und Auswertung

Eltern oder Elternvertreter schon bei der Themenfindung für Partizipationsprojekte oder bei der Entwicklung einer Kita-Verfassung zu beteiligen, ist aber nicht in jedem Fall sinnvoll. Wenn ein Team sich das erste Mal mit der Frage der Partizipation von Kindern auseinandersetzt, gibt es häufig viele Unsicherheiten. Die Meinungsbildungs- und Aushandlungsprozesse untereinander stehen dann im Vordergrund. Erst wenn eine Einigung im Team erfolgt ist, sollte der Aushandlungsprozess mit den Eltern angegangen werden. Gerade bei ersten Berührungen mit Beteiligungsprojekten kann es den Prozess erleichtern, wenn Themen oder konkrete Rechte, die die Kinder erhalten sollen, zunächst vom Team vorgeschlagen werden.

Ein konkretes Projekt bietet Eltern einen ersten Einblick in die Partizipation

Im zuvor beschriebenen Beispiel aus Ottendorf wurde der Themenvorschlag von den pädagogischen Fachkräften gemacht. Auch die grundsätzliche Planung des Prozesses stand schon, bevor der Elternabend stattfand. Vor der Durchführung der Probephase wurden dann die Eltern ins Boot geholt. Sowohl an der Festlegung der Rechte der Kinder als auch an der Gestaltung der Probephase wurden die Eltern beteiligt. Auch bei den nächsten Schritten, nämlich der Reflexion der Probephase und der anschließenden Verankerung der Rechte der Kinder, war die Beteiligung der Eltern fest eingeplant.

In der eingruppigen Beispiel-Kita war es einfach, allen Eltern Gelegenheit zu geben, ihre Meinung zu äußern und mitzubestimmen. In größeren Einrichtungen ist es manchmal sinnvoller, stellvertretend für alle Eltern zunächst Elternvertreter oder interessierte Eltern am Prozess zu beteiligen und erst im zweiten Schritt alle Eltern um ihre Zustimmung zu bitten.

Der Sinn von Probephasen

Aus unserer Sicht hat sich die Einführung von Probephasen wie im Beispiel oben in vielen Fällen als sinnvoll erwiesen. So haben alle Beteiligten die Möglichkeit, Erfahrungen im Prozess zu sammeln, und erst aufgrund dieser Erfahrungen werden weiterreichende Entscheidungen getroffen, die Strukturen nachhaltig verankern. Gleichzeitig können in Probephasen unterschiedliche Wege und Herangehensweisen auszuprobiert werden. Dafür sollten der Zeitraum und die vereinbarten Regeln und Strukturen der Probephase für alle Beteiligten (Kinder, pädagogische Fachkräfte und Eltern) transparent und überschaubar gestaltet werden. Für die Kinder erleichtert eine Visualisierung, zum Beispiel in Form eines Ankreuzkalenders, die Übersicht über den zeitlichen Ablauf.

Die Auseinandersetzung mit der eigenen Haltung und die Reflexion der Zusammenarbeit mit den Eltern haben einen besonderen Stellenwert. Vor der Einführung von Beteiligungsprozessen kann eine Reflexion anhand der folgenden Fragen hilfreich sein:

ALLGEMEINE REFLEXION

- Bin ich bereit, mich auf die Argumente und Wünsche der Eltern einzulassen?
- Sehe ich die Eltern als gleichwertige (Erziehungs-)Partner und Experten für ihr Kind?
- Biete ich mich als gleichberechtigter Gesprächspartner an? Welche Redeanteile haben die Eltern in Elterngesprächen? Welche habe ich als pädagogische Fachkraft? Dominiert eine Partei?
- Kann ich mich wirklich auf einen ergebnisoffenen Prozess mit den Eltern einlassen?
- Bin ich bereit, auch von den Eltern zu lernen?
- Kann ich akzeptieren, dass Eltern hauptsächlich ihr Kind sehen und für sie auch in der Kita sein Wohlergehen immer im Vordergrund steht?

REFLEXION ZUM KONKRETEN BETEILIGUNGSPROZESS

- Wissen die Eltern über die Ziele und Inhalte von Beteiligungsprozessen in der Kita Bescheid?
- Sind die Eltern über die konkret geplanten Partizipationsprozesse und -abläufe informiert? Kennen sie die einzelnen Planungsschritte? Wie werden die Eltern im Prozess auf dem Laufenden gehalten?
- Hat das Kita-Team geklärt, in welchem Planungsschritt die Eltern „ins Boot geholt" werden?
- Können die Eltern verändernd in die Gestaltung von Beteiligungsprozessen eingreifen?
- Welche Mitbestimmungsrechte haben die Eltern im Beteiligungsprozess? Kennen die Mütter und Väter diese Rechte und wissen sie, wie sie davon Gebrauch machen können?
- Wie gehen wir mit Situationen um, in denen Kinder ganz konkret in einen Loyalitätskonflikt zwischen Eltern und Kita-Regeln geraten?

Je klarer und differenzierter die Fachkräfte ihren Standpunkt zu einem Thema erarbeitet haben, desto besser und souveräner können sie ihre Argumente mit den Eltern besprechen. Dies beschrieb die Leiterin einer Kita: „Wenn ich mich bei kritischen Fragen oder Anmerkungen von Müttern und Vätern nicht gleich aus dem Konzept gebracht oder angegriffen fühle, dann kann ich auch auf die Argumente der Eltern eingehen. Meistens finden wir dann eine Lösung, die für alle o. k. ist. Wenn ich aber unsicher bin, spüren die Eltern das und dann wird es meist schwierig."

6.5 Praxisbeispiele für Partizipationsprojekte gemeinsam mit Eltern

⏩ Fallbeispiel: „Essen, was ich will"

Ein Frühstücksbüfett wird von Kindern gestaltet

„Mama hat gesagt, dass ich nur mein Brot von zu Hause essen soll", teilt Lisa der Erzieherin mit, die gerade mit zwei anderen Kindern das neu eingeführte Frühstücksbüfett vorbereitet.

Seit knapp zwei Wochen läuft dafür in der Kita die Probephase. Bis zu diesem Zeitpunkt haben alle Kinder ihr Frühstück von zu Hause mit in die Kita gebracht. Dort wurde dann in den einzelnen Gruppen gemeinsam mit allen Kindern gegessen. Dabei gab es immer wieder Diskussionen der Kinder untereinander über das mitgebrachte Essen. „Die Emma hat Naschis mit. Das dürfen wir gar nicht!" Einige Kinder äußerten auch: „Ich will jetzt nicht frühstücken, wir spielen gerade."

Nach einer Teamfortbildung in der Kindertagesstätte haben sich die pädagogischen Fachkräfte dafür entschieden, die Frühstückssituation gemeinsam mit den Kindern zu verändern. Die Kritikpunkte der Kinder, sowohl an der Verteilung der Nahrungsmittel als auch an der Gestaltung der Frühstückssituation, sollten der Ausgangspunkt für das Projekt sein. Im Vorfeld haben sich die pädagogischen Fachkräfte darauf geeinigt, in welchen Bereichen sie den Kindern ein Mit- oder Selbstbestimmungsrecht zugestehen wollen. Im Konsens wurde beschlossen, dass die Kinder in Zukunft über die Form des Frühstücks (als freies Frühstück in der Gruppe, als Frühstück im Frühstücksraum der Kita mit allen Gruppen, als Frühstück in Büfettform ...) und darüber, ob, wann, was und wie viel sie essen, mitbestimmen dürfen. Die Tischregeln wollen die pädagogischen Fachkräfte weiterhin allein festlegen. Diese Entscheidung war, gemeinsam mit der Idee, eine Probephase zu vereinbaren, die Grundlage für den Diskussionseinstieg mit den Eltern.

An einem Elternabend vor Beginn der Erprobungsphase haben die pädagogischen Fachkräfte die Eltern über die Ziele und Inhalte von Partizipationsprozessen informiert und die geplanten Schritte und Vorgehensweisen zur Diskussion gestellt. Die Eltern äußerten sich ganz unterschiedlich zum geplanten Projekt. Viele Eltern befürworteten die partizipative Umgestaltung des Frühstücks und waren froh darüber, in

Zukunft keine halbgegessenen Brote mehr von ihren Kindern zurückzubekommen: „Ich packe meiner Tochter sowieso immer das Falsche ein."
Drei der anwesenden Elternteile sprachen aber deutliche Bedenken aus: „Wir geben den Kindern jetzt ein gesundes Frühstück mit. Wenn die Kinder entscheiden können, dann essen die doch nur Süßkram." „Meine Tochter hat eine Lebensmittelallergie. Sie darf gar nicht selbst entscheiden, was sie isst." „Fynn isst nie genug, den muss man immer erinnern. Jetzt weiß ich, was er gegessen hat. Wenn das alles frei ist, weiß ich das nicht mehr." Nach einer längeren Diskussion und der Zusage der pädagogischen Fachkräfte, die Kinder mit besonderen Bedürfnissen intensiv zu begleiten, einigten sich Eltern und pädagogische Fachkräfte darauf, eine achtwöchige Frühstücksprobephase durchzuführen. Die Kinder sollen in dieser Zeit, so auch der Beschluss der Eltern, selbst entscheiden können, ob, was und wie viel sie frühstücken. Darüber hinaus sollten die Kinder verschiedene Formen des Frühstücks ausprobieren. Danach wollen Kinder, Eltern und Team wieder beratschlagen, welches Verfahren und welche Regeln in der Kita in Zukunft für das Frühstück gelten.
Nach etwa zwei Wochen wird deutlich, dass die Entscheidung nicht von allen Eltern mitgetragen werden kann. Zum Teil äußerten die Eltern den Elternvertretern gegenüber grundlegende Kritik am neuen Frühstück. Einige Väter und Mütter gaben ihren Kindern entgegen der Absprache auf dem Elternabend ein („Notfall"-)Frühstück mit. Manche Kinder gerieten dadurch in einen für sie nicht auflösbaren Konflikt. Um diesen Konflikt nicht auf der Ebene der Kinder auszutragen, war es wichtig, mit den betreffenden Eltern wieder ins Gespräch zu kommen. Dabei ging es darum, ihre Beweggründe nachzuvollziehen und Vorgehensweisen und Äußerungen zu verstehen. Welche Sorgen und Gefühle stecken hinter dem Verhalten der Eltern? Wie können wir im Sinne der Kinder zu einer gemeinsamen tragfähigen Lösung gelangen?

Partizipationsprozesse gelingen nicht immer im ersten Anlauf

Partizipative Prozesse in der Kita bedeuten immer wieder neu zu gestaltende Aushandlungsprozesse mit allen Beteiligten. Dabei ist es die Aufgabe der pädagogischen Fachkräfte wahrzunehmen, wenn Strukturen nicht greifen oder Kinder in einen Interessenkonflikt geraten. Dann ist es notwendig, wieder in Aushandlungsprozesse mit den betreffenden Eltern zu gehen. Aus welchen Gründen können die Eltern den gefassten Beschluss nicht mehr mittragen? Welche neuen gemeinsamen Lösungen können wir jetzt finden? Dabei brauchen die pädagogischen Fachkräfte keine fertigen Lösungen anzubieten. Es geht vielmehr darum, gemeinsam mit den Eltern gleichberechtigt nach Lösungen zu suchen. Da es sich um einen gemeinsamen Prozess handelt, darf die Umsetzung der Ideen auch mal „schiefgehen", ohne dass sich die Fachkräfte dafür verantwortlich fühlen müssen.

▸▸ Fortsetzung Fallbeispiel:

In den Gesprächen mit den Eltern über das Frühstücksprojekt wurde deutlich, dass sich die Mütter und Väter vor allem um die gesunde Ernährung die Kinder sorgen. Es war ihnen wichtig, dass ihre Kinder hauptsächlich vollwertige Bio-Nahrungsmittel zu sich nehmen. Vorwiegend Bio-Produkte einzukaufen, war für die Kindertagesstätte aber aus Kostengründen nicht möglich. An einem zweiten kurzfristig einberufenen Elternabend wurde dann von einer Mutter auch noch ein anderes Problem geschildert. „Mein Sohn ist sowieso schon ganz schön pummelig. Wenn der essen darf, was er will, nimmt er bestimmt zu. Er merkt doch gar nicht richtig, wenn er satt ist." Gemeinsam überlegten sowohl die Eltern als auch die pädagogischen Fachkräfte, welche Lösungen für die Probleme gefunden werden können. Einige Eltern erklärten sich spontan bereit, der Kita Bio-Produkte zu spenden. Darüber hinaus entstand die Idee, dass die Elternvertreter das ortsansässige Reformhaus oder die Bauern in der Umgebung um eine Beteiligung auf Spendenbasis bitten. Damit konnte sich auch die Mutter des übergewichtigen Kindes gut anfreunden. „Wenn die Erzieherinnen meinen Sohn daran erinnern, dass er die Möglichkeit hat, frisches Obst oder Gemüse zu essen, dann nimmt er auch nicht so zu. Nach den acht Wochen müssen wir schauen, ob es geklappt hat oder ob wir was anderes versuchen müssen." Eine weitere Idee, die im Laufe des Elternabends auf Seiten der pädagogischen Fachkräfte entstand, war die Ergänzung des Beteiligungsprojektes durch ein „Ernährungsprojekt". Die Mitarbeiterinnen wollten den Kindern vorschlagen, mal herauszufinden „Warum werde ich durch gesundes Essen stark?" und „Was macht ungesundes Essen in meinem Körper?" Die Kolleginnen hatten in einer Gruppe schon beobachtet, dass die Kinder sich aufgrund der Diskussion der Erwachsenen mit solchen Fragen beschäftigten. Nach dem Elternabend und dem gemeinsamen Ringen um Lösungen äußerte eine Mutter: „Ich dachte erst, ihr wollt im Team das einfach so durchdrücken und unsere Sorgen gar nicht hören. Jetzt hab ich aber das Gefühl, dass wir gemeinsam wirklich gute Lösungen gefunden haben. So kann ich meine Tochter wieder ganz beruhigt in die Kita schicken. Ich bin gespannt, was bei diesem Projekt herauskommt."

Das Beispiel zeigt, wie individuell Aushandlungsprozesse ablaufen können. Es gibt keine pauschalen übertragbaren Lösungen und nicht immer gelingt es, wirklich tragfähige Lösungen im ersten Schritt zu vereinbaren. Entscheidend ist, dass sich alle Beteiligten auf einen ergebnisoffenen Prozess einlassen.

In diesem Prozess wurden schließlich gemeinsam mit den Eltern „Ausführungsbestimmungen" (siehe Begriffsdefinition auf S. 45) erarbeitet. Dabei wurde das im Vorfeld mit den Eltern festgelegte Recht der Kinder, selbst darüber zu bestimmen, was, wann und wie viel sie essen, nicht in Frage gestellt, sondern an den Sorgen und Bedürfnissen der Eltern und der Frage „Welche Rahmenbedingungen braucht ihr als Eltern, um den Kindern die Selbstbestimmung in diesem Bereich geben zu können?“ weitergearbeitet.

Trotzdem gelingt es manchmal nicht, die unterschiedlichen pädagogischen Vorstellungen und Vorgehensweisen von Kita und Elternhaus zum Wohle des Kindes zu gestalten. In manchen Fällen liegen die grundsätzlichen Ansichten so weit auseinander, dass alle Aushandlungsprozesse nur zu „faulen Kompromissen“ auf beiden Seiten führen. Um für das Kind ein dauerndes Spannungsverhältnis der unterschiedlichen Interessen zu vermeiden, kann dann der letztendlich verbleibende Weg nur die Beendigung des Betreuungsverhältnisses sein. In den meisten Fällen geht es aber nur um die schwierige Aushandlung einzelner Fragen, wie das folgende Beispiel zeigt:

Es ist Entscheidung der Eltern, wie viel Beteiligung für ihre Kinder sie zulassen wollen

Fallbeispiel: Regenhosentage

„Welcher Tag ist heute?“ Diese Frage stellt David den Erzieherinnen häufig, wenn es darum geht, sich bei Regenwetter anzuziehen und nach draußen zu gehen. Ist die Antwort „Dienstag“ oder „Donnerstag“ entscheidet er sich sofort dafür, die Regenhose wegzulassen. An den anderen Tagen überlegt er kurz und zieht meistens seine Regenhose an. Nachdem die pädagogische Fachkraft sein Verhalten eine Zeit lang beobachtet hat, spricht sie ihn darauf an. „Du weißt du, Petra, Dienstag und Donnerstag holt mich Papa ab, der findet Regenhosen nicht so wichtig. Am Montag und Mittwoch und am Freitag kommt Mama und die schimpft dann. Die will, dass ich die Regenhose anziehe. Dann darf ich manchmal nicht fernsehen.“ „Das ist eine ganz schön schwierige Entscheidung für dich?“, fragt Petra weiter. „Ja! Aber wenn Freitag ist, kommt nur ein doofes Fernsehprogramm, dann ist das nicht so schlimm.“

David hat sich mit den unterschiedlichen Regeln, die seine Eltern und Erzieherinnen haben, auseinandergesetzt. Er kann die Konsequenzen abschätzen und seine Entscheidung fällen. In der Kita herrscht die Regel, dass die Kinder allein entscheiden können, was sie anziehen, wenn sie auf dem Außengelände spielen. Die Erzieherin Petra verhält sich in dieser Situation neutral. Sie und David haben vorher geklärt, dass beide Entscheidungen – Regenhose an oder aus – in der Kita in Ordnung sind. Petra unterstützt David dabei, seine „Kosten-Nutzen-Analyse“ in Worte zu fassen. In einem späteren Gespräch fragt sie ihn, ob sie beide seine Eltern vielleicht mal auf das Problem ansprechen wollen. Nach kurzem Überlegen beantwortet David diese Frage mit einem eindeutigen „Nö“.

Die Rolle der pädagogischen Fachkraft in diesem Prozess ist die einer Moderatorin. Sie bezieht keine Position – weder in der Regenhosenfrage noch zum Verhalten der Eltern. Aussagen wie: „Deine Mama weiß doch, dass du das in der Kita selbst entscheiden darfst." oder „Naja, das Fernsehverbot hat ja nun wirklich nichts mit deiner Regenhose zu tun." würden David zusätzlich in einen Loyalitätskonflikt zwischen Kita und Elternhaus bringen. Für Petra steht im Vordergrund, den Entscheidungsprozess von David zu begleiten. Darüber hinaus möchte sie ihm die Chance bieten, den Konflikt zusammen bei der Mutter oder den Eltern gemeinsam anzusprechen. Das kann aber nicht ohne seine Zustimmung geschehen. Um David nicht zu drängen, möchte Petra mit ihm noch einmal in einer anderen Situation sprechen. Sie möchte von ihm erfahren, was er braucht, um das Regenhosenproblem bei seinen Eltern ansprechen zu können. Bevor es jedoch dazu kommt, passiert Folgendes:

▸▸ Fortsetzung Fallbeispiel:

An einem Dienstag holt überraschend nicht Davids Vater seinen Sohn ab, sondern seine Mutter. David spielt gerade mit seinem Freund Lukas am Klettergerüst und ist ohne Regenhose unterwegs. Als er seine Mutter sieht, erstarrt er in der Bewegung und schaut sie entgeistert an. „Aber Papa wollte mich doch abholen!", ist zunächst das Einzige, was er herausbekommt. Seine Mutter ist sichtlich ungehalten: „David, wie oft habe ich dir schon gesagt, dass du nicht ohne Regenhose rausgehen sollst? Wenn es so nass draußen ist, bist du gleich wieder erkältet." Beim gemeinsamen Reingehen in die Kita teilt sie David dann mit, dass er heute zur Strafe nicht bei Lukas spielen kann. David ist immer noch sprachlos. Lukas antwortet an seiner Stelle: „Aber das ist voll unfair! Ich hab meine Regenhose an und jetzt darf ich nicht mit David spielen!", entrüstet er sich. Davids Mutter bleibt daraufhin stehen und überlegt einen Augenblick. „Also gut, du hast recht. Das ist nicht gerecht, dich gleich mit zu bestrafen. Ihr könnt heute zusammen spielen." In dieser Situation kommt Petra hinzu. Sie bietet der Mutter und David an, das Regenhosenproblem in Ruhe im Haus zu besprechen, und wenn beide wollen, könnte sie auch dazukommen …

Eine partizipative Grundhaltung bedeutet auch, Konflikte stehenlassen zu können

Konflikte und unterschiedliche Meinungen gehören zum Leben. Solche Schwierigkeiten lassen sich in der Kindertagesstättenarbeit kaum vermeiden. Nicht jede unterschiedliche Sicht- oder Handlungsweise kann im Vorfeld zwischen Eltern und pädagogischen Fachkräften geklärt werden. Bei Konflikten muss nicht zwangsläufig immer eine einvernehmliche Lösung gefunden werden, oft bleiben Unterschiede bestehen. Diese auszusprechen und für die Kinder sichtbar und bearbeitbar zu machen, ist in jedem Fall besser, als das Problem „unter den Teppich zu kehren".

6.6 Partizipation verändert die Elternsicht

„Zuerst habe ich gedacht, sollen die Kinder jetzt alles bestimmen? Dann haben wir darüber diskutiert, was das Mitbestimmen für unsere Kinder bedeutet und was die Kinder in der Kita selbst entscheiden dürfen. In der ganzen Diskussion ist mir immer mehr klar geworden, wie wichtig das Mitreden und Mitbestimmen für meinen Sohn und sein späteres Leben ist. Vom Kopf her war mir das dann alles klar. Aber so wirklich zugetraut hab ich das meinem Sohn nicht. Durch den ganzen Prozess in der Kita hat sich das aber verändert. Ich höre mehr auf das, was mein Sohn will und traue ihm jetzt mehr zu." Diese Aussage einer Mutter macht deutlich, dass bei manchen Eltern ein Umdenken während der Beteiligungsphase einsetzen kann.

Partizipationsprozesse verändern die Haltung der Eltern ganz konkret auf zwei Ebenen: Zum einen äußern viele Mütter und Väter Einstellungsänderungen bezogen auf die Beteiligungsprozesse in der Kita, zum anderen verändert sich aber auch der eigene Umgang mit dem Kind. (Vgl. Sturzenhecker et al. 2010, S. 45 ff., 95 ff., 114 ff.)

Veränderung der grundsätzlichen Einstellung gegenüber Partizipationsprozessen

Bei der ersten Begegnung mit Beteiligungsprozessen vermuten viele Eltern, dass die Kinder jetzt überall das Sagen haben sollen. Dabei geht es in Partizipationsprozessen keinesfalls um eine Verantwortungsumkehr, sondern vielmehr um die gezielte Teilhabe der Kinder und ihre Möglichkeiten mitzuentscheiden, in Bereichen, die ihnen vorher von den Erwachsenen zugestanden wurden. Das Missverständnis „Alle Macht den Kindern" lässt sich durch die umfassende Information der Eltern über den Inhalt und die Struktur von Beteiligungsprozessen meist aus dem Weg räumen.

Die Überforderung der Kinder ist ein weiteres Argument, das in Beteiligungsprozessen häufig als Hinderungsgrund genannt wird. „Das kann meine Tochter noch nicht entscheiden, dafür ist sie noch zu klein." Diese Bedenken lassen sich nur dadurch mindern, dass Eltern der Kita vertrauen und sich auf den Weg des Ausprobierens mit den Mitarbeiter/innen einlassen. Wenn Eltern die Chance haben, sich gemeinsam mit den pädagogischen Fachkräften dem Thema Partizipation zu nähern, dann lässt sich häufig auch eine Veränderung in der Kommunikation und im Umgang mit dem eigenen Kind beobachten.

Partizipation bedeutet auch, neue Eltern schon vor der Aufnahme umfassend über die pädagogische Arbeit und damit auch über die Beteiligungsrechte der

Kinder zu informieren. „Schnuppertage" und Infoveranstaltungen bieten z.B. die Möglichkeit für Eltern, sich mit der Pädagogik der Kita vertraut zu machen. So haben Familien die Wahl, sich auf diese Arbeitsweise einzulassen oder ihr Kind in einer anderen Kita anzumelden.

Veränderung im Umgang mit dem eigenen Kind

„Mein Mann und ich gucken jetzt viel bewusster hin, wo wir Lana mitentscheiden lassen und wo nicht. Wir diskutieren das vorher manchmal richtig aus und auch die Gespräche mit Lana haben sich verändert. Wir fragen jetzt viel eher mal danach, wie sie sich etwas wünscht." Viele Eltern berichten, das sich ihr Verhalten im Umgang mit dem eigenen Kind im Partizipationsprozess verändert hat. In manchen Familien wird daraufhin, z. B. bei der Freizeitgestaltung und im Umgang mit dem Essen, deutlich bewusster mit Beteiligungsrechten der Kinder umgegangen. Der in der Kita angestoßene Beteiligungsprozess bewirkt oft auch, dass ältere Geschwister in den Familien mehr Freiraum für eigene Entscheidungen bekommen.

6.7 Wie Eltern Partizipation empfinden – Ein Erlebnisbericht

Partizipation hat nicht nur Auswirkungen auf die Kinder und das pädagogische Team, sondern auch auf die Eltern. Doris Eßmann, Mutter von zwei Töchtern im Alter von zwei und sechs Jahren, zieht ein Fazit über drei Jahre Erfahrung mit Partizipation in der Kindertagesstätte. Als ein wichtiges Ergebnis sieht sie dabei ihre eigene Haltungsänderung den Kindern gegenüber an: „Ich habe gelernt, meine Kinder anders zu betrachten, ihre Wünsche anders zu respektieren und anders wahrzunehmen." In der ersten Zeit fiel es ihr schwer, sich auf eine partizipative Haltung einzustellen, da für sie in der Erziehung klare Grenzen und Richtlinien galten und sie außerdem ihren Alltag sehr strukturiert gestaltete. Deshalb stand sie der Einführung von Partizipation in der Kindertagesstätte kritisch gegenüber. „Es ist mir sehr schwer gefallen, mich zu öffnen und den Kindern Freiräume zu geben. Doch dann habe ich gemerkt, dass auch bei der Partizipation klare Regeln und Grenzen vorhanden sind, das hat manches erleichtert." Nicht nur aufgrund des Informationsabends in der Kindertagesstätte beschäftigte sich Doris Eßmann intensiver mit dem Thema Partizipation. Schon vorher hatte sie sich mit ihrem Erziehungsstil auseinandergesetzt und versucht, sich bewusst zu machen, was sie selbst will und was die Wünsche der Kinder sind. „Ich hatte immer gute Begründungen für meine Entscheidungen gefunden. Es geht schneller, es ist sauberer und und und. Doch es gab auch Unmut bei den Kindern, so dass ich mich gefragt habe, warum ich von ihren Bedürfnissen abweiche."

Im Spannungsfeld zwischen Freiräumen und Grenzen

Partizipation bedeutet nicht, Kindern alles zu erlauben und sie immer an allem zu beteiligen. Es geht vielmehr darum, Entscheidungsräume für die Kinder zu öffnen. Die Grenzen werden allerdings von den Erwachsenen festgelegt.

Beteiligung in der Kita wirkt sich auch auf das Leben in den Familien aus

Doris Eßmann beschäftigt sich parallel zur Durchführung von Beteiligungsprozessen in der Kindertagesstätte auch privat intensiv mit dem Thema Partizipation, beobachtet die neuen Möglichkeiten in der Kindertagesstätte aufmerksam und versucht, diese auch im häuslichen Bereich aufzunehmen. „Das heißt nicht, dass zu Hause alles erlaubt wird. Es gibt Momente, da muss einfach das sein, was ich sage. Wir haben kein Wattebäuschchen-Verhältnis." Sie fängt aber an, den Alltag zu Hause deutlicher zu hinterfragen: „Warum will ich das jetzt? Die Kinder sollen doch ihr Leben leben und nicht meins. Dafür brauchen sie Freiräume." Gleichzeitig ist es ihr wichtig, auch Normen und Richtlinien zu vermitteln. Innerhalb dieses Rahmens sollen sich ihre Kinder entfalten können. „Und das ist verdammt schwierig. Kleiderauswahl und Farbzusammenstellung sind oft eine Herausforderung. Mir fällt es immer wieder schwer, mich zurückzunehmen. Aber ich habe nicht alles auf einmal versucht, sondern mich Schritt für Schritt auf den Weg gemacht."

Anhand von Kinderbeteiligung eigene Grenzen erfahren

Häufig befürchten Erwachsene, dass Kinder mit Aufgaben überfordert sein könnten und sie noch zu klein und unerfahren seien, um Verantwortung für bestimmte Dinge zu übernehmen. Oft bedarf es nur des Mutes der Erwachsenen, die Kinder alleine machen zu lassen. Ein „Das können sie noch nicht." sollte genau überlegt sein und gegebenenfalls durch ein „Wenn nicht so, wie dann?" ergänzt werden.

So ist auch Doris Eßmann zunächst unsicher, als sie erfährt, dass die Kinder in der Kindertagesstätte selbst entscheiden dürfen, ob sie beim Rausgehen eine Jacke anziehen oder nicht. „Trotzdem habe ich es auch für den privaten Bereich übernommen. Das war eine ganz schöne Herausforderung für mich. Tara hat in der Anfangszeit noch sehr häufig gefragt, ob sie eine Jacke braucht. Dann habe ich sie ermuntert, einfach mal kurz rauszugehen und zu gucken, ob ihr kalt ist. Ich habe allerdings oft noch eine Jacke mit, wenn wir unterwegs sind und es doch kalt werden sollte, aber dann muss Tara Bescheid geben. Ich dränge ihr die Jacke nicht auf. Außerdem habe ich festgestellt, dass sie nach der Entscheidung nicht öfter krank gewesen ist als vorher. Und auch nicht mehr als andere Kinder." Durch die positiven Erfahrungen gestärkt, ist es für sie möglich, noch weiter zu gehen. Tara darf sich selbst aussuchen, was sie anzieht. Es gibt zunehmend weniger Diskussionen und Streitigkeiten über dieses Thema. „Ich lege keine Kleidungsstücke für Tara mehr raus und bestimme nicht, was sie anziehen soll. Sie ist mittlerweile sechseinhalb Jahre alt und hat drei Jahre Partizipationserfahrung hinter sich. Sie muss nicht das schick finden, was ich mag. Sie soll die Chance haben, sich selbst auch über ihre Kleidung darstellen zu können. Dieses Recht habe ich doch schließlich auch." Natürlich fragt Tara auch mal, ob ihre Kleidungswahl ihren Eltern gefällt. Aber auch bei Nichtgefallen kann sie ihre Sachen anlassen. „Tara weiß, sie bekommt viel Freiraum, wenn die Möglichkeit dazu da ist. Trotzdem gibt es auch immer wieder Grenzfälle. Tara wollte beispielsweise nur in einem Rock zum Schlittschuhlaufen. Es war draußen warm und für sie nicht nachvollziehbar, warum es auf einer Eisbahn kalt sein könnte. Ich habe ihr meine Bedenken geäußert und wir haben uns dann darauf einigen können, dass der Rock zwar bleibt, aber entweder eine Jeans oder eine Strumpfhose untergezogen wird."

Partizipation wirkt weiter

Eine partizipative Grundhaltung hat auch Auswirkung auf die Umgebung der Familie. So stehen zwar die Kindertagesstätte und das Elternhaus in der intensivsten Beziehung mit dem Kind. Doch auch mit anderen Personen(gruppen) ist eine Auseinandersetzung notwendig und positive Erfahrungen der Eltern und ihrer Kinder werden weitergetragen.

Doris Eßmann sagte dazu: „Durch die Partizipation setze ich mich noch intensiver mit meiner Erziehung auseinander. Ich frage mich, ob ich etwas will, weil es für mich bequem ist oder ich es für das Beste halte. Aber das Beste für mich bedeutet ja nicht automatisch auch das Beste für meine Kinder." Mittlerweile ist es für sie selbstverständlich, dass sie den Kindern die Chance eröffnet, auch im Alltag eingebunden zu werden. Häufig hat sie erlebt, dass Kindern einerseits vermittelt wird, sie seien schon groß, andererseits wurden ihnen mit der Aussage „Das kannst Du noch nicht." Fähigkeiten aberkannt. „So lässt man die Kinder erst nicht mitmachen und wundert sich dann später, dass sie nicht helfen wollen, obwohl man selbst jahrelang zuvor die Hilfe abgelehnt hat. Manchmal sieht man die Möglichkeiten gar nicht, die die Kinder bekommen könnten. Da hilft dann auch mal der Zufall." Als die Eltern Tara von einem Besuch bei der Oma abholten, sahen sie, wie ihre Tochter gerade den Tisch abdeckte. „Ich fragte sie dann, warum sie denn den Teller bei der Oma wegbringt und bei uns nicht. Die Antwort war: Du hast mich ja nicht gefragt!"

Schlussbemerkung

ANS ENDE DIESES BUCHES wollen wir statt einer eigenen Schlussbemerkung Doris Eßmanns persönliches Fazit über Beteiligung in der Kita stellen:

„Ich bin froh, dass mir die Kindertagesstätte viele Anregungen gegeben hat. Die Erzieherinnen sorgen häufig für einen Anstoß zum Nachdenken und sind auch zum intensiven Austausch bereit. Man kann immer wieder fragen und so gemeinsam neue Möglichkeiten entdecken. Es ist schön, so bei der Erziehung unterstützt zu werden."

Anhang

Rechtliche Grundlagen

Beteiligung ist politisch gewollt

Um tatsächlich Einfluss auf Entscheidungen zu haben, benötigen Kinder Rechte. Für diese kann zum einen in der Kita gesorgt werden durch Selbst- und Mitbestimmungsrechte, die den Kindern von den pädagogischen Fachkräften zugestanden werden. Zum anderen gibt es vom Gesetzgeber zusätzlich schon eine Reihe gesetzlicher Vorschriften und Regelungen. Oft werden rechtliche Verordnungen und Gesetze in der Praxis als Beschränkung oder Hemmnis angesehen. In Partizipationsprozessen wird dies häufig anders erlebt. Hier können Rechtsnormen eventuell sogar zusätzlicher Wegbereiter sein.

Von der Weltebene bis hin zur kommunalen Struktur sind die Rechte von Kindern in unterschiedlichen Rechtsformen festgehalten. Bei deren Betrachtung wird schnell deutlich, dass durch sie die Kinderbeteiligung schon in großen Bereichen festgeschrieben ist. Allein die vorhandenen Rechtsgrundlagen auszufüllen, ist für einige ein neuer und großer Schritt. „Es bedarf offensichtlich keiner Änderung der Gesetzeslage, um Kinder und Jugendliche zu beteiligen, es gilt vielmehr, die bestehenden Möglichkeiten auszuschöpfen." (Schröder 1995, S. 30.)

Die Umsetzung bereitet jedoch noch Schwierigkeiten. „Die Bedeutung einer wirksamen Partizipation von Kindern und Jugendlichen wird in Wissenschaft und (Kommunal-)Politik zunehmend anerkannt. In der Debatte werden zahlreiche mehr oder weniger überzeugende Begründungen vorgetragen. Allerdings ist der Stand der Umsetzung in Deutschland, gemessen an eigenen Ansprüchen und im Vergleich zu anderen europäischen Ländern, unbefriedigend (Olk/Roth 2007, S. 13).

Das Deutsche Kinderhilfswerk e.V. spricht sich in seinem Leitbild ebenfalls für einen verstärkten Ausbau der Beteiligungsrechte von Kindern und Jugendlichen in Deutschland aus. „Unsere Vision ist eine Gesellschaft, in der die Kinder ihre Interessen selbst vertreten. Weil sie das können." (Vgl. Deutsches Kinderhilfswerk 2010, S. 5). Ausführlich werden die verschiedenen gesetzlichen Bestimmungen in den Bundesländern vorgestellt und verglichen (vgl. ebd.).

Mit dem Nationalen Aktionsplan „Für ein kindergerechtes Deutschland" hat die Bundesregierung die Wichtigkeit von Partizipation deutlich gemacht: „Die Bundesregierung setzt sich das Ziel, die Beteiligung von Kindern und Jugendlichen an allen sie betreffenden Entscheidungen in Bund, Ländern und Gemeinden verbindlich zu regeln. Sie entwickelt ein geeignetes Instrumentarium für die Evaluation der Umsetzung von Beteiligungsrechten und von Beteiligungsmöglichkeiten. Sie wird einen Prozess organisieren mit dem Ziel, Qualitätsstandards für Beteiligung festzulegen. In einem ersten Schritt sollen allgemeine Standards entwickelt werden. Im zweiten Schritt sollen diese Standards für unterschiedliche Lebensbereiche im Sinne eines Qualitätsmanagements konkretisiert und mit Handlungsschritten für die Realisierung verbunden werden und zwar insbesondere für pädagogische Institutionen und Einrichtungen der Kinder- und Jugendhilfe." (Nationaler Aktionsplan „Für ein kindergerechtes Deutschland" 2005–2010, Bundesministerium für Familie, Senioren, Frauen und Jugend 2006, S. 53).

Rechtliche Grundlagen für Partizipation in Tageseinrichtungen für Kinder

Im Folgenden werden einige rechtliche Grundlagen von der Welt- bis zur regionalen Ebene kurz vorgestellt (vgl. Regner/Schubert-Suffrian/Saggau 2009, S. 44 ff.).

UN-Kinderkonvention

Die UN-Kinderkonvention wurde nach jahrelangen Verhandlungen 1989 von der Generalversammlung der Vereinten Nationen verabschiedet und trat nach der Ratifizierung 1992 in Deutschland in Kraft. Die Kinderkonvention regelt die Anwendung bürgerlicher, politischer, wirtschaftlicher, sozialer und kultureller Menschenrechte auf Kinder. Sie ist inzwischen von über 190 Nationen ratifiziert worden. Die UN haben aber keine rechtlichen Möglichkeiten zur Durchsetzung der Rechte. Sie können nur im eigenen Staat über entsprechende Gesetze eingeklagt werden. Ganz ohne Einfluss sind die UN-Kinderrechtskonventionen aber trotzdem nicht, da alle Staaten eine Berichtspflicht haben. Sie müssen regelmäßig Fortschritte und Schwierigkeiten bei der Umsetzung der Konvention mitteilen. Der Artikel 12 ist für die Partizipation dabei von hervorgehobener Bedeutung:

Artikel 12 – UN-Kinderrechtskonvention

(Berücksichtigung des Kindeswillens)
(1) Die Vertragsstaaten sichern dem Kind, das fähig ist, sich eine eigene Meinung zu bilden, das Recht zu, diese Meinung in allen das Kind berührenden Angelegenheiten frei zu äußern, und berücksichtigen die Meinung des Kindes angemessen und entsprechend seinem Alter und seiner Reife.
Artikel 12 (1) formuliert ein grundsätzliches Beteiligungsrecht von Kindern an allen Angelegenheiten, die sie berühren. Allerdings lässt die Formulierung den Vertragsstaaten einen weiten Ermessensspielraum.

Charta der Grundrechte der Europäischen Union

Mit der Charta der Grundrechte der Europäischen Union wurden die europäischen Grundrechte erstmals umfassend schriftlich fixiert. Rechtskraft erlangte die Charta nach dem Scheitern des Europäischen Verfassungsvertrages erst am 01. Dezember 2009.

Zur Beteiligung von Kindern und Jugendlichen legt die Charta in Art. 24 Abs.1 und 2 Folgendes fest: „Kinder haben Anspruch auf den Schutz und die Fürsorge, die für ihr Wohlergehen notwendig sind. Sie können ihre Meinung frei äußern. Ihre Meinung wird in den Angelegenheiten, die sie betreffen, in einer ihrem Alter und ihrem Reifegrad entsprechenden Weise berücksichtigt. Bei allen Kinder betreffenden Maßnahmen öffentlicher Stellen oder privater Einrichtungen muss das Wohl des Kindes eine vorrangige Erwägung sein."

Damit haben die Staaten der Europäischen Union den Kindern eine Teilhabe an allen sie betreffenden Angelegenheiten gewährleistet.

Kinder- und Jugendhilfegesetz

Das Kinder- und Jugendhilfegesetz (SGB VIII) trat 1991 in Kraft. In diesem hat der Deutsche Bundestag ein neues Verständnis in der Kinder- und Jugendhilfe festgelegt. Damit wurde eine Veränderung vom staatlichen Kontrollanspruch hin zum Dienstleistungsprinzip der Sozialen Arbeit vollzogen. Dieser veränderte Anspruch beinhaltet auch die Beteiligung der Betroffenen, nämlich der Kinder und Jugendlichen (und ihrer Eltern).

Sozialgesetzbuch – SGB
Achtes Buch (VIII)
Kinder- und Jugendhilfe
§ 8 Beteiligung von Kindern und Jugendlichen

(1) Kinder und Jugendliche sind entsprechend ihrem Entwicklungsstand an allen sie betreffenden Entscheidungen der öffentlichen Jugendhilfe zu beteiligen. […]

Das Recht auf Beteiligung der Kinder und Jugendlichen an allen Entscheidungen der öffentlichen Jugendhilfe ist in § 8 SGB VIII festgelegt. Dass dieses Recht entsprechend ihrem Entwicklungsstand zugestanden wird, eröffnet wiederum Ermessensspielräume. Das allgemeine Beteiligungsrecht wird anders als beispielsweise für die Jugendarbeit (vgl. § 11) für die Förderung von Kindern in Tageseinrichtungen nicht weiter ausgeführt. § 22 (3) regelt hingegen die Beteiligungsrechte der Eltern in Kindertageseinrichtungen. Im Übrigen wird auf das Landesrecht verwiesen.

Das SGB VIII ist ein Bundesgesetz, das durch Ausführungsgesetze der Länder erweitert werden kann. Zu den Ausführungsgesetzen gehören außerdem die Kindertagesstättengesetze der einzelnen Bundesländer.

Kinder haben einen rechtlich verankerten Anspruch auf Partizipation. Doch bei genauerer Betrachtung wird deutlich, dass viele Formulierungen einen weiten Auslegungsspielraum zulassen oder die Beteiligungsrechte unter Vorbehalt („dem Entwicklungsstand entsprechend“) stellen. Eine so geringe Konkretisierung lädt dazu ein, Partizipation als nicht ernst zu nehmende Spielwiese zu betrachten, die nur, wenn es „passt“, betreten wird.

Literatur

Damen, Sonja/Betz, Katrin (2009): Eltern im Fokus. Zusammenarbeit mit Eltern gestalten. Köln: Carl Link.

Delfos, Martine F. (6. Aufl. 2010): Sag mir mal. Gesprächsführung mit Kindern (4–12 Jahre), Weinheim/Basel: Beltz.

Deutsches Komitee für Unicef (Hrsg.) (2001): Kinder haben Rechte! Die UN-Konvention über die Rechte des Kindes. Eine Einführung. Dokumentation Nr. 11. Köln.

Deutsches Kinderhilfswerk e.V. (2., akt. Auflage 2010): Beteiligungsrechte von Kindern und Jugendlichen in Deutschland, Berlin.

Brunsemann, Claudia/Stange, Waldemar/Tiemann, Dieter (1997): Mitreden – mitplanen – mitmachen. Kinder und Jugendliche in der Kommune. Hrsg.: Deutsches Kinderhilfswerk e.V./Ministerium für Frauen, Jugend, Wohnungs- und Städtebau des Landes Schleswig-Holstein. Berlin/Kiel.

Doyé, Götz/Lipp-Peetz, Christine (2000): Wer ist denn hier der Bestimmer? Das Demokratiebuch für die Kita. Praxisreihe Situationsansatz. Ravensburg: Ravensburger.

Dreier, Annette (6., akt. Auflage 2010): Was tut der Wind, wenn er nicht weht? Begegnungen mit der Kleinkindpädagogik in Reggio Emilia. Berlin: Cornelsen Scriptor.

Eichholz, Reinald (2007): Die Rechte des Kindes im deutschen Bildungswesen, in: National Coalition für die Umsetzung der UN-Kinderrechtskonvention in Deutschland (Hrsg.): Band IX. Die UN-Konvention umsetzen: Kinderrechte in Kindertageseinrichtungen und Schulen, S. 1–3. Berlin.

Elschenbroich, Donata (2002): Weltwissen der Siebenjährigen. Wie Kinder die Welt entdecken können. München: Goldmann.

Faller, Kurt/ Faller, Sabine (2002): Kinder können Konflikte klären. Mediation und soziale Frühförderung im Kindergarten. Ein Trainingshandbuch. Münster: Ökotopia.

Fatke, Reinhard/Schneider, Helmut (2007): Die Beteiligung junger Menschen in Familie, Schule und am Wohnort, in: Bertelsmann Stiftung (Hrsg.): Kinder- und Jugendbeteiligung in Deutschland. Entwicklungsstand und Handlungsansätze. Gütersloh: Verlag Bertelsmann Stiftung.

Freire, Paulo (Neuaufl. 2002): Pädagogik der Unterdrückten. Bildung als Praxis der Freiheit. Reinbek bei Hamburg: Rowohlt.

Freitag, Silke (2006): Partizipation und Konfliktkompetenz, in: KiTa spezial 3/2006, S. 16–19. Kronach: Carl Link.

Gonzales-Mena, Janet/Widmeyer Eyer, Dianne (2008): Säuglinge, Kleinkinder und ihre Betreuung, Erziehung und Pflege. Curriculum und Arbeitsbuch. Freiamt: Arbor.

Gopnik, Alison/Kuhl, Patricia/Meltzoff, Andrew (2001): Forschergeist in Windeln. Wie Ihr Kind die Welt begreift. München: Ariston.

Hansen, Rüdiger/Knauer, Raingard/Friedrich, Bianca (2004): Die Kinderstube der Demokratie. Partizipation in Kindertagesstätten. Kiel.

Hansen, Rüdiger (2005): Die Verfassunggebende Versammlung in der Kindertageseinrichtung, in: KiTa spezial 4/2005, S. 15–18. Kronach: Carl Link.

Hansen, Rüdiger (2008): Die Entwicklung einer neuen Lernkultur. Ergebnisse des AWO Projekts LernOrt KiTa in Neumünster, in: KiTa aktuell ND, 6/2008, S. 131–135. Kronach: Carl Link.

Hansen, Rüdiger/Knauer, Raingard/Sturzenhecker, Benedikt (2009): Die Kinderstube der Demokratie. Partizipation von Kindern in Kindertageseinrichtungen, in: TPS 2/2009, S. 46–50. Seelze/Velber: Friedrich.

Hansen, Rüdiger/Knauer, Raingard/Sturzenhecker, Benedikt (2011): Partizipation in Kindertageseinrichtungen. So geht Demokratiebildung mit Kindern. Berlin.

Hartmann, Susanne/Hohl, Georg/Renk, Peter/Scherer, Peter A./Walker, Ute (Hrsg.) (2008): Gemeinsam für das Kind. Erziehungspartnerschaft und Elternbildung im Kindergarten. Berlin: verlag das netz.

Hoenisch, Nancy/Niggemeyer, Elisabeth (2003): Bildung mit Demokratie und Zärtlichkeit. Weinheim/Basel: Beltz.

Jesper, Juul/Jensen, Helle (3., überarb. Aufl. 2009): Von Gehorsam zur Verantwortung. Für eine neue Erziehungskultur. Weinheim/Basel: Beltz.

Juul, Jesper (3. Aufl. 2010): Dein kompetentes Kind. Auf dem Weg zu einer neuen Wertgrundlage für die ganze Familie. Reinbek bei Hamburg: Rowohlt.

Kazemi-Veisari, Erika (2. Aufl. 1996): Offene Planung im Kindergarten. Ideen und Hilfen. Freiburg: Herder.

Kazemi-Veisari, Erika (2. Aufl. 1998): Partizipation. Hier entscheiden Kinder mit. Freiburg: Herder.

Kazemi-Veisari, Erika (2004): Kinder verstehen lernen. Wie Beobachten zu Achtung führt. Seelze/Velber: Kallmeyer.

Kazemi-Veisari, Erika (2006): Partizipativ beobachten und dokumentieren, in: KiTa spezial 3/2006, S. 23–25. Kronach: Carl Link.

Klein, Lothar/Vogt, Herbert (2008): Eltern in der Kita. Schwierigkeiten meistern – Kommunikation entwickeln. Seelze/Velber: Kallmeyer.

Klein, Lothar (2002): Kinder als Ratgeber von Erwachsenen. Gleichwertigkeit als Partizipations- und Beziehungsaspekt, in: TPS 8/2002, Seelze/Velber: Friedrich.

Leu, Hans R./v. Behr, Anna (Hrsg.) (2010): Forschung und Praxis der Frühpädagogik. Profiwissen für die Arbeit mit Kindern von 0–3 Jahren. München: Ernst Reinhardt.

Müller, Lorenz/Plöger, Thomas (2008): Die Kinderstube der Demokratie. Wie Partizipation in Kindertageseinrichtungen gelingt. DVD, 32 Minuten. Berlin: Deutsches Kinderhilfswerk e.V.

Olk, Thomas/Roth, Roland (2007): Mehr Partizipation wagen. Argumente für eine verstärkte Beteiligung von Kindern und Jugendlichen. Gütersloh: Verlag Bertelsmann Stiftung.

Pikler, Emmi/Tardos, Anna u.a. (10. Aufl. 2010): Miteinander vertraut werden. Wie wir mit Babies und kleinen Kindern gut umgehen. Ein Ratgeber für junge Eltern. Freiburg: Herder.

Regner, Michael/Schubert-Suffrian, Franziska/Saggau, Monika (2009): So geht's. Partizipation in der Kita. kindergarten heute, Spot-Heft. Freiburg: Herder.

Regner, Michael/Schubert-Suffrian, Franziska (2009a): Welches Beobachtungsverfahren passt zu uns? Ein Überblick über die gängigsten Instrumente, in: kindergarten heute 10/2009, S. 12 ff. Freiburg: Herder.

Regner, Michael/Schubert-Suffrian, Franziska (2009b): Der Lernstern. Kinder formulieren ihre eigenen Lernziele, in: kindergarten heute 10/2009, S. 32 ff. Freiburg: Herder.

Rönnau-Böse, Maike/Fröhlich-Gildhoff, Klaus (2010): Resilienzförderung im Kita-Alltag. Was Kinder stark und widerstandsfähig macht. Freiburg: Herder.

Rosenberg, Marshall B. (6., veränd. Aufl. 2007): Gewaltfreie Kommunikation. Eine Sprache des Lebens. Paderborn: Jungfermann.

Schäfer, Gerd E. (Hrsg.) (2003): Bildung beginnt mit der Geburt. Förderung von Bildungsprozessen in den ersten sechs Lebensjahren. Weinheim: Beltz.

Scholz, Lothar (2. Aufl. 2004): Spielerisch Politik lernen. Methoden des Kompetenzerwerbs im Politik- und Sozialkundeunterricht. Schwalbach: Wochenschau Verlag.

Schröder, Richard (1995): Kinder reden mit! Beteiligung an Politik, Stadtplanung und -gestaltung. Familienratgeber, Weinheim/Basel: Beltz. (vergriffen)

Schubert, Klaus/Klein, Martina (4., aktual. Aufl. 2006): Das Politiklexikon. Bonn: Dietz.

Schubert-Suffrian, Franziska (2007): Anziehen, was ich will. Partizipation – Kinder verändern eine Kita, in: TPS 10/2007, S. 30–31, Seelze/Velber: Friedrich.

Schubert-Suffrian, Franziska (2009): Wir wollen einen Kaugummi-Chef! Partizipation nimmt Kinder konsequent ernst, in: kindergarten heute 4/2009, S. 30 ff. Freiburg: Herder.

Sturzbecher, Dietmar/Großmann, Heidrun (2003): Soziale Partizipation im Vor- und Grundschulalter, München: Reinhardt.

Sturzenhecker, Benedikt/Knauer, Raingard/Richter, Elisabeth/Rehmann, Yvonne (2010): Partizipation in der Kita. Evaluation demokratischer Praxis mit Vorschulkindern. Abschlussbericht, Hamburg (herunterzuladen unter Institut für Partizipation und Bildung http://home.arcor.de/hansen.ruediger).

Vandenbussche, Els/Laevers, Ferre (2009): Beobachtung und Begleitung von Kindern. Arbeitsbuch zur Leuvener Engagiertheits-Skala 2. Überarbeitete und erweiterte deutsche Ausgabe. Erkerlenz.

Volgmann, Kerstin (2008): Partizipation im Kontext frühkindlicher Bildung. Saarbrücken: VDM.

Materialhinweis:

Als besonders hilfreich erwiesen haben sich die Moderationswände von Stange Design, die aufgrund ihres geringen Gewichtes, ihrer großen Stabilität und ihres günstigen Preises gut in Kindertagesstätten genutzt werden können. Siehe www.stange-design.de.

Danksagung

Wir danken

- den Kindern, die bei uns immer wieder für ein neues Bild vom Kind sorgen, weil sie uns zeigen, wie viel sie können und wie sehr sie bereit sind, sich auf neue Dinge einzulassen,
- den Eltern, die sich immer wieder auf eine neue Form der Erziehungspartnerschaft einlassen,
- den pädagogischen Fachkräften, die mit uns Schritt für Schritt den Weg der Partizipation gehen,
- dem Ministerium für Soziales, Gesundheit, Familie, Jugend und Senioren des Landes Schleswig-Holstein für die Qualifizierung als Multiplikator/in für Partizipation in Kindertageseinrichtungen, die auf dem Verfahren und den Standards der „Kinderstube der Demokratie“ basiert,
- „Schleswig-Holstein – Land für Kinder“ für die Unterstützung von Partizipationsprojekten insbesondere im Bereich Kindertagesstätten,
- Claudia Baumann und Britta Henningsen für viele Anregungen und konstruktive Kritik,
- unseren Familien für die Begleitung und sehr viel Geduld und
- allen weiteren helfenden Händen und Köpfen, die uns bei der Umsetzung dieses Buchs unterstützt haben.